CRIMINOLOGIA

Desafios na pós-modernidade

DIONELES LEONE SANTANA FILHO

Prefácio
Márcio José Cordeiro Fahel

CRIMINOLOGIA

Desafios na pós-modernidade

Belo Horizonte

FÓRUM
CONHECIMENTO JURÍDICO

2025

© 2025 Editora Fórum Ltda.

É proibida a reprodução total ou parcial desta obra, por qualquer meio eletrônico, inclusive por processos xerográficos, sem autorização expressa do Editor.

Conselho Editorial

Adilson Abreu Dallari
Alécia Paolucci Nogueira Bicalho
Alexandre Coutinho Pagliarini
André Ramos Tavares
Carlos Ayres Britto
Carlos Mário da Silva Velloso
Cármen Lúcia Antunes Rocha
Cesar Augusto Guimarães Pereira
Clovis Beznos
Cristiana Fortini
Dinorá Adelaide Musetti Grotti
Diogo de Figueiredo Moreira Neto (*in memoriam*)
Egon Bockmann Moreira
Emerson Gabardo
Fabrício Motta
Fernando Rossi
Flávio Henrique Unes Pereira
Floriano de Azevedo Marques Neto
Gustavo Justino de Oliveira
Inês Virgínia Prado Soares
Jorge Ulisses Jacoby Fernandes
Juarez Freitas
Luciano Ferraz
Lúcio Delfino
Marcia Carla Pereira Ribeiro
Márcio Cammarosano
Marcos Ehrhardt Jr.
Maria Sylvia Zanella Di Pietro
Ney José de Freitas
Oswaldo Othon de Pontes Saraiva Filho
Paulo Modesto
Romeu Felipe Bacellar Filho
Sérgio Guerra
Walber de Moura Agra

FÓRUM
CONHECIMENTO JURÍDICO

Luís Cláudio Rodrigues Ferreira
Presidente e Editor

Coordenação editorial: Leonardo Eustáquio Siqueira Araújo / Thaynara Faleiro Malta
Revisão: Aline Almeida
Projeto gráfico: Walter Santos
Capa e Diagramação: Formato Editoração

Rua Paulo Ribeiro Bastos, 211 – Jardim Atlântico – CEP 31710-430
Belo Horizonte – Minas Gerais – Tel.: (31) 99412.0131
www.editoraforum.com.br – editoraforum@editoraforum.com.br

Técnica. Empenho. Zelo. Esses foram alguns dos cuidados aplicados na edição desta obra. No entanto, podem ocorrer erros de impressão, digitação ou mesmo restar alguma dúvida conceitual. Caso se constate algo assim, solicitamos a gentileza de nos comunicar através do *e-mail* editorial@editoraforum.com.br para que possamos esclarecer, no que couber. A sua contribuição é muito importante para mantermos a excelência editorial. A Editora Fórum agradece a sua contribuição.

Dados Internacionais de Catalogação na Publicação (CIP) de acordo com ISBD

S232c	Santana Filho, Dioneles Leone Criminologia: desafios na pós-modernidade / Dioneles Leone Santana Filho. Belo Horizonte: Fórum, 2025. 196p. 14,5x21,5cm ISBN impresso 978-65-5518-995-7 ISBN digital 978-65-5518-671-0 1. Criminologia. 2. Controle social. 3. Democracia. I. Título. CDD: 364 CDU: 343.9

Ficha catalográfica elaborada por Lissandra Ruas Lima – CRB/6 – 2851

Informação bibliográfica deste livro, conforme a NBR 6023:2018 da Associação Brasileira de Normas Técnicas (ABNT):

SANTANA FILHO, Dioneles Leone. *Criminologia*: desafios na pós-modernidade. Belo Horizonte: Fórum, 2025. 196p. ISBN 978-65-5518-995-7.

Com todo carinho para André e Renata,
meus amores.

Agradecimento a Pedro Maia Souza Marques e Márcio José Cordeiro Fahel.

Soneto LXVI
No te quiero sino porque te quiero
y de quererte a no quererte llego
y de esperarte cuando no te espero
pasa mi corazón del frío al fuego.

Te quiero sólo porque a ti te quiero,
te odio sin fin, y odiándote te ruego,
y la medida de mi amor viajero
es no verte y amarte como un ciego.

Tal vez consumirá la luz de enero,
su rayo cruel, mi corazón entero,
robándome la llave del sosiego.

En esta historia sólo yo me muero
y moriré de amor porque te quiero,
porque te quiero, amor, a sangre y fuego.
Pablo Neruda.
Poemas para Recordar.

SUMÁRIO

PREFÁCIO
Márcio José Cordeiro Fahel 15

INTRODUÇÃO 19
1 Noções propedêuticas sobre a criminologia, política criminal e direito penal 19
2 Conceito de criminologia 23
2.1 Pontos de convergência entre a criminologia e outras ciências .. 26
2.2 A enciclopédia das ciências penais 27
3 Finalidade da criminologia 29
4 Controle Social 30

CAPÍTULO 1
ASPECTOS HISTÓRICOS DA CRIMINOLOGIA 33
1.1 Período da Antiguidade aos precursores da antropologia criminal 34
1.2 Idade Média 36
1.3 Escola Clássica 37
1.4 Escola Positiva ou Positivista 39
1.4.1 Período de Antropologia Criminal 39
1.4.2 Período de sociologia criminal 41
1.4.3 Período de política criminal 42

CAPÍTULO 2
CRIMINOGÊNESE 45
2.1 Conceito e aspectos preliminares 45
2.2 O crime e a ideia do mal em Santo Agostinho 52
2.3 O crime e a ideia do contratualismo na modernidade e na pós-modernidade – formação do Estado e garantia dos direitos fundamentais 54
2.4 Teoria Biológica 59
2.5 Teoria Psicogenética 59
2.6 Teoria Sociológica 60

CAPÍTULO 3
POLÍTICA CRIMINAL 63
3.1 Introdução 63
3.2 Conceito 64
3.3 Direito Penal e política criminal 66
3.4 Política criminal e criminologia 67
3.5 Política criminal alternativa 68
3.6 Direito Penal mínimo 69
3.7 Criminalidade legal 72
3.8 Cifras ocultas da criminalidade 72
3.9 Direito Penal do inimigo 73
3.10 Política criminal atuarial 74

CAPÍTULO 4
TEORIAS QUE EXPLICAM A CRIMINOLOGIA E SEUS DESAFIOS NA SOCIEDADE PÓS-MODERNA 77
4.1 Conceito criminológico de delito na sociedade pós-moderna 77
4.2 Desafios da criminologia do consenso ou da criminologia do conflito 80
4.3 O exemplo que vem da Colômbia 81
4.4 Teorias que explicam a criminologia 82
4.4.1 Criminologia tradicional 82
4.4.1.1 Escola de Chicago 82
4.4.1.2 Teoria Ecológica ou da Desorganização Social 83
4.4.1.3 Teoria das janelas quebradas 85
4.4.1.4 Teoria da Tolerância Zero – Movimento de lei e ordem 85
4.4.2 Teoria da Associação Diferencial 88
4.4.3 Teoria da Anomia 89
4.4.4 Criminologia crítica ou radical 90
4.4.4.1 Teoria da Rotulação ou *Labeling Approch* ou Etiquetamento 90
4.4.4.2 Criminologia radical ou crítica ou criminologia marxista 92
4.5 Descriminalização como movimento político criminal 93
4.6 Neocriminalização 96
4.7 Abolicionismo 97
4.7.1 Penas perdidas: o sistema penal em questão 98
4.7.2 Os limites da dor 99
4.8 Teorias sociológicas da criminologia – Consenso e Conflito 101
4.8.1 Modelo consensual 101
4.8.2 Modelo conflitivo 102

CAPÍTULO 5
VITIMOLOGIA ... 105

5.1	Considerações preliminares ...	105
5.2	Conceito de vitimologia e seus desdobramentos ...	106
5.3	Vítima, sujeito passivo e sujeito prejudicado do delito ...	107
5.3.1	Posições da vítima no processo penal ...	109
5.3.2	Vitimologia feminista ...	111
5.4	A dupla penal – delinquente-vítima ...	112
5.5	As vítimas autênticas ...	113
5.6	Tipos de vítima e sua classificação ...	113
5.6.1	Na classificação forjada por Benjamin Mendelsohn, temos que a vítima pode ser: ...	113
5.6.1.1	Vítima ideal (ou completamente inocente) ...	113
5.6.1.2	Vítima de culpabilidade menor do que o delinquente (ou vítima por ignorância) ...	114
5.6.1.3	Vítima tão culpada quanto o infrator (ou voluntária) ...	114
5.6.1.4	Vítima mais culpada que o infrator ...	114
5.6.1.5	Vítima como única culpada ...	114
5.6.2	Segundo os estudos de Luis Jimenez de Asúa, as vítimas podem ser classificadas da seguinte maneira: ...	115
5.7	Vitimologia radical ...	115
5.8	Síndrome de Estocolmo ...	115
5.9	Síndrome de Londres ...	116
5.10	Processos de vitimização ...	116
5.11	Revitimização ...	118
5.12	Movimento de retomada da vítima no processo penal ...	120
5.13	Exame vitimológico ...	120

CAPÍTULO 6
EXAME CRIMINOLÓGICO ... 123

6.1	Conceito ...	123
6.2	Tipos de exame criminológico ...	125
6.2.1	Exame morfológico ...	127
6.2.2	Exame psicológico ...	128
6.2.3	Exame social ...	129
6.2.4	Exame psiquiátrico ...	130
6.3	Classificação das doenças mentais objeto do exame psiquiátrico ...	130
6.3.1	Neuroses ...	130

6.3.2	Psicoses	131
6.4	Notas conclusivas	132

CAPÍTULO 7
PENOLOGIA 135

7.1	Conceito e noções básicas	135
7.2	A política abolicionista	136
7.3	Fundamentos criminológicos do crime e do castigo	140
7.4	Pena privativa de liberdade	143
7.4.1	Teoria eclética unificadora de Claus Roxin	145
7.4.2	Teoria eclética prevenção geral negativa – direito penal mínimo. Visão de Luigi Ferrajoli – Teoria do Garantismo Penal	145
7.4.3	A teoria de Zaffaroni – desenvolvimento do direito penal mínimo – em busca das penas perdidas	152
7.5	Sistemas penitenciários	153
7.6	Medida de segurança	154
7.7	Pena de morte	157
7.8	Sociedade disciplinar – Vigiar e punir	159
7.9	Modelo do panóptico criado por Jeremy Benthan e sua evolução	160
7.10	A sociedade do desempenho deflagra a sociedade do cansaço (*burnout*)	163

CAPÍTULO 8
MÍDIA, REDES SOCIAIS E CRIMINOLOGIA 167

8.1	Os meios de comunicação de massa e a ***internet*** como fator criminológico na sociedade pós-moderna	167
8.2	A sensação de insegurança propagada pela mídia, a expansão do direito penal e o direito penal simbólico	170
8.3	A opinião pública, a mídia e a desmitificação da neutralidade da mídia no pensamento de Pierre Bourdieu	174
8.4	*Bullying* e *ciberbullying*	176
8.5	*Stalking* (art. 147-A do CP)	177
8.6	Nomofobia	178
8.7	O dilema do prisioneiro	180
8.8	A era da infocracia e o mito da verdade processual penal	180

REFERÊNCIAS 189

PREFÁCIO

Em Criminologia, o intelectual, amigo e colega Dioneles Leone Santana Filho apresenta ao mundo acadêmico um novo método de estudo, longe dos modelos tradicionais. Essa é a contribuição de Dioneles: ofertar ao público brasileiro, especialmente aos acadêmicos e profissionais do direito, sociologia, psicologia, assistentes sociais e outros, um livro verdadeiramente contemporâneo e sensível às inovações deste novo tempo.

Diferentemente dos livros tradicionais de criminologia, Dioneles consegue tratar, de maneira ao mesmo tempo didática e em redação simples, temas de alta complexidade, historiando-os e classificando-os, numa necessária revisão dessa literatura e, sobretudo, inserindo o seu próprio olhar crítico, que acompanha todo o conteúdo de sua inovadora obra.

O livro tem características de um manual e, por certo, hoje com a leitura através de meios digitais, estará permanentemente nas mãos e telas dos estudantes e operadores das principais áreas afins do conhecimento. Justifico: a obra aborda a temática usualmente encontrada nos livros de criminologia, a exemplo de seus aspectos históricos, a criminogênese, política criminal, além de outros aspectos, mas, de maneira muito particular, com citações de renomados estudiosos da humanidade. Contudo, não é só.

Destaco o capítulo V – Teorias que explicam a criminologia e seus desafios na sociedade pós-moderna, quando o autor demonstra o quanto a falta de estudos e políticas reativas sobre fatos contemporâneos o angustia, conforme escreve: "(...) Novas modalidades de estelionato destacam-se com taxas representativas de ocorrência, o sequestro relâmpago para transferências por meio de pix é um problema constante nas grandes cidades. Existe um verdadeiro descompasso entre a previsão legal e os novos tipos de conduta lesiva ao contexto social".

E, ainda: "(...) Observo que no Brasil o objeto de veneração do furto tradicional é o aparelho celular. Ali está toda a vida das pessoas, com cartões de crédito, acesso a bancos virtuais, necessário para acionar o transporte por meio de aplicativo, comprovação dos ingressos de cinema e de teatro, jogo de futebol, shows de cantores, e tudo mais que ronda a vida pós-moderna".

Impossível não apontar, ainda no capítulo V, a constante preocupação com a contemporaneidade: "Pedofilia praticada on-line, agressões verbais que podem caracterizar cyberbullying, racismo virtual, assédio sexual praticado pelas redes sociais ou por meio do telefone celular, através de whatsapp e mensagens de textos, passaram a ser preocupação constante no mundo que ora se descortina".

Sempre a frente dos tradicionais livros de criminologia, Dioneles marcha sobre a vitimologia, inclusive feminista, revitimização e o movimento de retomada da vítima no processo penal, aumento exponencial do suicídio, com dados estatísticos e crítica refinada, e a presença da filosofia, direito e psicanálise a permear os seus afiados e lúcidos registros e comentários. E, aqui, pode-se ter a mais absoluta certeza e convicção de que não se trata de uma mera revisão de literatura, mas de uma apresentação inovadora, realista, contributiva e dilatada sobre esses fenômenos.

Ao tratar do exame criminológico, no capítulo VII, o autor conclama a comunidade jurídica para que envide esforços no sentido de reativar a sua obrigatoriedade, "para se ter um parâmetro mais seguro se o condenado pode voltar ou não para o convício social de maneira adaptada aos valores sociais vigentes".

No capítulo VIII, Dioneles aprofunda-se no tema da penologia, quando expõe sua vasta cultura literária, jurídica e filosófica, dialogando abertamente com Dostoiévski, Franz Kafka, Hegel, Claus Roxin, Luigi Ferrajoli, Zaffaroni, Michel Foucault, Zigmunt Bauman, Byung-Chul Han, dentre outros pensadores.

À frente, definitivamente, dos livros habituais de criminologia, como sustentado nesse prefácio, Dioneles investiga, no capítulo IX, a interrelação entre mídia, redes sociais e o tema em questão, indagando sobre as mídias que não comentam sobre o suicídio. "Na prática, é como se não houvesse suicídios no Brasil e no mundo. Em nome da prudência, elimina-se o assunto do noticiário. Será essa a melhor estratégia? Para os suicidologistas, a resposta é definitivamente 'não'".

Dioneles progride pela desmitificação da neutralidade da mídia, o bullying, ciberbullying, stalking, nomofobia, infocracia e, ao final, convida o leitor a "pensar por si mesmo mais um pouco sobre a criminologia na era digital", materializando, no desfecho do livro, o que fez desde o início de sua obra: conversar com o leitor.

Por certo, assim, um presente de um intelectual forjado na realidade, Dioneles, um verdadeiro jusfilósofo da contemporaneidade e, inevitavelmente, do mundo digital.

Boa e permanente leitura, à extensa comunidade agraciada com o livro!

Salvador, fevereiro de 2025.

Márcio José Cordeiro Fahel
Promotor de Justiça e ex-procurador-geral de Justiça do MPBA.

INTRODUÇÃO

"Só a necessidade constrange os homens a ceder uma parte de sua liberdade; daí resulta que cada um só consente em pôr no depósito comum a menor porção possível dela, isto é, precisamente o que era necessário para empenhar os outros em mantê-lo na posse do resto. O conjunto de todas essas pequenas porções de liberdade é o fundamento do direito de punir. Todo o exercício do poder que se afastar dessa base é abuso e não justiça".
Cesare Beccaria. Dos delitos e das penas.

1 Noções propedêuticas sobre a criminologia, política criminal e direito penal

A criminalidade faz parte do contexto social em que vive o homem, bem como as formas de reações às condutas desviantes, visando-se estabelecer uma forma de controle social, com o intuito de se atingir a paz social tão almejada, propósito último do próprio direito.

Crime e violência são duas faces de uma mesma realidade, advindo do conflito social inerente das relações interpessoais. A solução dos conflitos encontra uma luz no fim do túnel com a criação do Estado Moderno, focando suas atenções nas penas mais duras, que é a pena de morte, a prisão perpétua e a prisão em presídios com o fulcro da ressocialização. O direito penal é aquele que possui a resposta mais drástica por excelência, visando desestimular a prática de novas condutas sociais, daí a pena ter o caráter de expiação.

Partindo desse pressuposto, necessário o estudo, o entendimento e as possíveis soluções para o fenômeno criminal, numa sociedade multifacetada, complexa e que, a cada dia, desenvolve novos modelos de práticas criminais, causando desestabilidade e desagregação social, sendo imprescindível compreender e adotar políticas criminais corretas no combate à criminalidade.

Com o crescimento exponencial da criminalidade digital, oriundo da facilidade promovida pelas novas tecnologias (pix, *smartphones*, *whatsapp*, redes sociais), do crime organizado, da rede criminosa, do tráfico de drogas, do aumento vertiginoso da população carcerária, mesmo com todas as reformas penais e processuais penais no sentido de despenalizar ou descriminalizar certas condutas, constata-se o ingresso cada vez mais recente de jovens no mundo do crime. Como diz Edwin Sutherland, "é inútil tirar os indivíduos, um após outro, das situações que produzem criminosos e permitir que essas situações continuem".

As ciências jurídicas, em sentido amplo, fundadas na ideia ilustrada de contrato social, atuam com a pretensão de regular, através das normas, do convívio social, estabelecendo pautas de ações civilizadas e o rol dos atos inapropriados. Através da regulamentação jurídica, a sociedade fixaria os preceitos básicos da convivência em comunidade e os ideais de conduta, instituindo respostas de reprovação ao seu desrespeito (é o modelo vigiar e punir).

Nesta perspectiva, do Estado/Direito como ente regulador, o penal surgiria como mecanismo de intervenção mais radical, estabelecendo as mais graves sanções aos mais gravosos atos delitivos. Em razão da intervenção penal causar sérios danos aos direitos e garantias individuais, estaria limitada apenas aos casos de impossível resolução pelos demais mecanismos de controle social, formais ou informais, só sendo legítimo o uso do direito penal em caráter de última razão.

A criação desta série de filtros condicionantes da atuação das agências penais decorre da violência às práticas punitivas. Em razão do poder penal tender sempre ao excesso – seja no plano da elaboração (legislativo), da aplicação (judiciário) ou da execução das leis (executivo) das leis –, sua utilização deveria ocorrer apenas em última instância (*ultima ratio*), nas instituições de maior gravidade aos principais interesses sociais, evitando assim a instauração do caos social.

Crime e castigo são uma dura realidade que qualquer pessoa ou contexto social deve experimentar, pois no Estado Democrático de Direito ninguém está acima da lei.

As ciências criminais, direcionadas a anular a violência do bárbaro e a afirmar os ideais civilizatórios, ao longo do processo de constituição (e de crise) da Modernidade, produziram seu oposto, ou seja, colocaram em marcha tecnologia formatada pelo uso desmedido da força, cuja programação, caracterizada pelo alto poder destrutivo, tem gerado inominável custo de vidas humanas.

Assim, estudar o autor de um delito, a vítima, as desigualdades e injustiças sociais faz parte do fenômeno criminológico.

O homem é um ser social, e ao mesmo tempo um ser político, como ensinava Aristóteles. Viver é conviver obrigatoriamente com outros seres humanos, para assegurar a reprodução da espécie humana, e desta relação social brotam conflitos que, necessariamente, devem ser resolvidos para assegurar a continuidade.

Como afirmam Francisco Munõz Conde e Winfried Hassemer: "seria ideal que os conflitos pudessem ser resolvidos mediante diálogo, pactos ou convenções através dos quais seus protagonistas entrariam em acordo para uma solução pacífica. Todavia, esse modelo de diálogo para a solução dos conflitos sociais é praticamente uma utopia difícil de alcançar. A experiência demonstra que a solução de um conflito, sobretudo os originados por formas de comportamento que mais gravemente questionam as bases da convivência, como são os conflitos criminais, quase sempre ocorrem através da repressão ou do sacrifício dos interesses de uma das partes, em benefício ou salvaguarda da outra".[1]

No mundo do direito, que é a instância na qual as sociedades modernas recorrem, principalmente para resolver os conflitos, as soluções têm que ser arbitradas antecipadamente e desvinculadas do caso concreto, com objetividade e distanciamento, sem se deixar levar por paixões, espontaneidade e conjunturalidade. O Direito, ao contrário de outras instâncias de controle e solução de conflitos, é uma forma de solução e controle altamente formalizada, que só permite a solução que previamente está escrita. Quer dizer, somente através de normas previamente existentes, criadas por distintas instâncias detentoras de poder para tal, interpretadas em sede teórica pela chamada Ciência do Direito e aplicadas por tribunais de justiça, é que o direito soluciona os casos mais conflituosos gerados pela convivência humana.

Como ensina Salo de Carvalho:

O marco referencial das ciências criminais da Modernidade é, inegavelmente, a obra *Dos Delitos e das Penas*, que não apenas delineia a

---

[1] CONDE, Francisco Muñoz; HASSEMER, Winfried. *Introdução à Criminologia*. Tradução: Cíntia Toledo Miranda Chaves. Rio de Janeiro: Lumen Juris, 2008. p. 3.

principiologia humanista do direito penal e processual penal, mas realiza sua adequação com a filosofia política do contratualismo. Legalidade dos delitos, proporcionalidade das penas, jurisdicionalização dos conflitos a partir do devido processo legal e da presunção de inocência são temas reiterados na tentativa de aniquilar a base inquisitória do direito penal e processual penal pouco harmônica com o ideal das luzes.[2]

Diversamente dos demais âmbitos do direito, que se desenvolveram sob uma perspectiva dogmática, no final do século XIX, as ciências criminais foram inspiradas pela fonte da criminologia, a qual desde o nascedouro do positivismo etiológico invocou para si o caráter científico e a primazia do estudo do crime e da criminalidade.

Clamo aqui pelo magistério de Salo Carvalho, que em passagem memorável, leciona: "Na disputa pelo estatuto teórico das ciências criminais, direito penal de criminologia provocaram a primeira ruptura do projeto integrado proposto pelos penalistas do Iluminismo. Com a entrada em cena do *homo criminalis* e o decorrente deslocamento do estudo abstrato das leis penais para os processos causais que determinaram o delito, a criminologia é autonomizada. Assim como o direito, no âmbito das ciências humanas, a partir da construção dogmática, a criminologia, com a proposição lombrosiana, adequada ao empirismo das ciências naturais, reivindica o *status* de ciência".[3]

Com o intuito de estabelecer as condições de aplicabilidade judicial do direito, a dogmática penal – organizada a partir da tripartição teoria da lei, teoria do delito e teoria da pena –, elaborada e conduzida por intérpretes privilegiados (dogmática superior), harmonizaria o material legislativo de forma a propiciar ao operador do direito (dogmática inferior) critérios seguros de aplicabilidade. Desta forma, caberia à doutrina penal, através de instrumentos interpretativos para: 1) diagnosticar lacunas e antinomias; 2) proporcionar critérios de integração e colmatação, assegurando estabilidade ao cotidiano forense (segurança jurídica). Apontadas as falhas do sistema jurídico penal pela dogmática (crítica de *lege lata*), a política criminal estaria responsável pelo aprimoramento do material legislativo, projetando o novo direito penal (crítica de *lege ferenda*).

---

[2] CARVALHO, Salo de. *Antimanual de Criminologia*. 3. ed. Rio de Janeiro: Lumen Juris, 2010. p. 4.
[3] *Ibidem*, p. 4.

Há um verdadeiro fascínio por parte do ser humano quanto à punição do outro ser humano ao cometer uma conduta tida como infração penal, punição essa necessária para o convívio em sociedade. O problema surge em seus estertores quando se estabelece o critério de um determinado corpo social do que seria a conduta caracterizada como criminosa.

É de amplo conhecimento da teoria tridimensional do direito consagrada por Miguel Reale. Para o citado autor, direito é fato, valor e norma. Equacionando essa situação, temos: a) direito penal é norma (comportamento humano descrito em lei – matar alguém); política criminal é valor (estudos de como diminuir o número de homicídios, por exemplo); enquanto a criminologia é fato social em sua pura essência (quais fatores empíricos contribuem para o aumento dos casos de homicídio).

2 Conceito de criminologia

A criminologia é a ciência que estuda a etiologia da criminalidade, em sua forma pura e simples, sendo que, para que ocorra a criminalidade, é imperioso que existam o crime e o criminoso, já que estes seriam integrantes intrínsecos do termo criminalidade. O significado etimológico do vocábulo "criminologia", a saber, originário do latim *crimino* (crime) e do grego *logos* (tratado ou estudo). Em resumo: a criminologia seria o estudo do crime, o que em consonância com o raciocínio até aqui desenvolvido, não passaria de um conceito de criminologia.

De forma mais segmentada, para Edwin H. Surtherland: "a criminologia é um conjunto de conhecimento que estuda o fenômeno e as causas da criminalidade, a personalidade do delinquente, sua conduta delituosa e a maneira de ressocializá-lo".[4]

De lembrar a definição que lhe confere o grande jurista Nelson Hungria: "criminologia é o estudo experimental do fenômeno do crime, para pesquisar-lhe a etiologia e tentar a sua debelação por meios preventivos ou curativos".[5]

Causa estranheza que nenhum dos conceitos formulados por outros autores tenha se preocupado em dizer que a criminologia

---

[4] *Apud*. FERNANDES, Newton; FERNANDES, Valter. *Criminologia Integrada*. 2. ed. São Paulo: Revista dos Tribunais, 2002. p. 26.
[5] *Ibidem*, p. 26-27.

também trata do problema da vítima, através do capítulo denominado vitimologia, voltado exclusivamente para o estudo da vítima do crime. Embora alguns autores já reconheçam autonomia a esse campo do conhecimento, com o devido respeito entendo que está umbilicalmente ligado à criminologia.

Newton Fernandes e Valter Fernandes, em sua obra *Criminologia*, a define como: "ciência que estuda o fenômeno criminal, a vítima, as determinantes endógenas e exógenas, que isolada ou cumulativamente atuam sobre a pessoa e a conduta do delinquente, e os meios labor-terapêuticos ou pedagógicos de reintegrá-lo ao grupamento social".[6]

Para Antonio García-Pablos Molina, criminologia é a:

> Ciência empírica e interdisciplinar, que se ocupa do *estudo do crime, da pessoa do infrator, da vítima e do controle social do comportamento delitivo*, e que trata de subministrar uma informação válida, contrastada, sobre a gênese, dinâmica e variáveis principais do crime – contemplando este como problema individual e como problema social –, assim como sobre os programas de prevenção eficaz do mesmo e técnicas de intervenção positiva no homem delinquente e nos diversos modelos ou sistemas de resposta ao delito.[7] (grifos nossos)

Como explicam, de forma concisa e profunda, García-Pablos Molina e Luiz Flávio Gomes: "A criminologia é uma ciência do 'ser', empírica; o Direito é uma ciência cultural, do dever 'ser', normativa. Em consequência, enquanto a primeira se serve de um método indutivo, empírico, baseado na observação da realidade, as disciplinas jurídicas utilizam um método lógico, abstrato e dedutivo".[8]

Em suma, a criminologia tem por objeto a análise pormenorizada da infração criminal (os motivos pelos quais o ser humano direciona sua conduta livre e consciente na prática de uma ação ou omissão voluntária e o tratamento conferido pelo Estado quando da prática do delito), bem como o estudo da vítima, com sua contribuição ou não para o evento criminoso, e, principalmente, a forma justa de reparação integral dos danos sofridos em decorrência do crime, bem como as consequências sociais do evento danoso na vida da vítima, sobretudo o aspecto social,

---

[6] *Ibidem*, p. 27.
[7] MOLINA, Antonio García-Pablos; GOMES, Luiz Flávio. *Criminologia*. 3. ed. São Paulo: Revista dos Tribunais, 2000.
[8] *Ibidem*, p. 54.

psicológico e psiquiátrico, visando minorar os efeitos nocivos do passado na continuidade da vida.

Diante desse cenário, não se pode olvidar a lição legada por José Frederico Marques, quando afirma que: "A criminologia é a ciência que cuida das leis e fatores da criminalidade, consagrando-se ao estudo do crime e do delinquente, do ponto de vista causal-explicativo. É ela assim uma ciência que se inclui entre aquelas 'ciências de informação experimental conexas à ciência moral', de que fala MARITAIN – ciências essas que tratam da investigação metódica das experiências preparatórias ao saber moral e que são ciências positivas daquilo que é, e não daquilo que deve ser. Essas ciências colhem materiais para as ciências éticas e classificam fatos com valor ou sentido técnico, e não com o caráter de elementos culturais".[9]

E arremata seu pensamento com invulgar lucidez o mencionado jurista: "Não compete assim, à criminologia definir o que seja crime, porque isto é função das ciências jurídicas. Ao demais, é com o conceito de crime fornecido pelo direito penal que a criminologia vai realizar as suas pesquisas. E mesmo que pretenda operar sobre um campo diverso, para excluir da categoria dos crimes certas infrações consideradas como ilícito punível por circunstâncias acidentais e passageiras, ainda é aos princípios éticos que informam o direito penal (que por ser ciência jurídica está subordinado a filosofia moral) que a criminologia deve pedir subsídios".[10]

Contudo, é necessário explicar que não se trata de uma ciência exata que veicula informações absolutas, enunciando certezas insofismáveis, ao revés de uma ciência do ser, com matizes humanos evidentes, resplandecendo dados parciais, fragmentados, conclusões provisórias, porém, consentâneos com a realidade subjacente. Não se pode confundir informações com conhecimento.

Por fim, a criminologia tem por escopo o estudo das penas e outras formas de reação em relação ao crime, estabelecendo-se critérios racionais de controle social, com o manejo adequado da tecnologia para facilitar a convivência na tessitura social, utilizando-se a pesquisa de campo, com a comprovação por meio de experimentos, observações e/ou coleta de dados, muito embora não pode ser encarada como uma simples acumulação de dados ou estatística sobre o fenômeno criminal.

---

[9] MARQUES, José Frederico. *Tratado de Direito Penal*. Campinas: Bookseller, 1997. 1 v. p. 80.
[10] *Ibidem*, p. 81.

Encartada num viés científico, tem a missão de interpretar e fazer avaliação fática com a realidade, não possui função neutra, desenvolvendo uma melhor compreensão do delito.

Embora exista certa polêmica no âmbito doutrinário quanto ao precursor do termo criminologia, os franceses atribuem a Paul Topinard, enquanto a escola italiana vincula tal autoria a Rafaele Garófalo. Prevalece o posicionamento que foi o antropólogo francês Paul Topinard quem cunhou esse termo em 1879.[11]

2.1 Pontos de convergência entre a criminologia e outras ciências

Vale repetir a exaustão, a criminologia possui independência em relação ao direito em geral, e ao direito penal em particular, uma vez que não é uma ciência normativa, mas empírica, não se prestando a estipular critérios normativos decorrentes de sua aplicação.

Cabe aqui uma observação, pois segundo Salo de Carvalho, o que existem agora são Criminologias: "Diferentemente das disciplinas dogmáticas atreladas ao formalismo (dogmatismo), não houve (sequer há) padronização, ou seja, inexiste a criminologia. Há Criminologias, entendidas como pluralidade de discurso sobre o crime, o criminoso, a vítima, a criminalidade, os processos de criminalização e as violências institucionais produzidas pelo sistema penal. A premissa permite, inclusive, sustentar a fragilidade epistemológica de qualquer discurso criminológico que se pretenda científico, visto não ser factível a visualização dos pressupostos mínimos que possam auferir esta qualificação – v.g. unidade e coerência metodológica, definição de objeto, delimitação de horizontes de pesquisa, direcionamento teleológico das investigações".[12]

Em que pese o respeito que merece o referido autor, essa sua posição de denominar de criminologias não é unânime na doutrina, razão pela qual adotaremos neste livro a visão tradicional de criminologia.

A criminologia apenas observa os fatores que podem deflagrar ou estimular a prática das condutas potencialmente delituosas e que podem causar uma desagregação social. Seguindo uma análise aprofundada do delinquente, da vítima e das regras de controle social, de acordo com os critérios estabelecidos pelo aparelho repressivo estatal

---

[11] ANDRADE, Manuel da Costa; DIAS, Jorge de Figueiredo. *Criminologia*. O homem delinquente e a sociedade criminosa. Coimbra: Coimbra, 1997. p. 5.
[12] *Ibidem*, p. 6.

(Polícia, Ministério Público, Poder Judiciário), bem como outros critérios extraoficiais de controle, como a igreja, a família, a escola. O controle estatal oficial só age em caráter de última razão, quando falharem os demais controles sociais.

Sem laivos de dúvidas, a criminologia estabelece relação com todas as ciências e áreas do conhecimento do homem, especialmente quando há uma maior percepção ao fenômeno delituoso e a personalidade desviante do infrator.

A criminologia estabelece um elo de ligação entre as mais diversas ciências que se preocupam com o delito, o criminoso e a pena. Por este prisma, os diversos ramos da ciência, incluindo a criminologia, compõem a conhecida enciclopédia das ciências penais que se subdivide em quatro grupos: a) ciência histórico-filosóficas (história do direito penal, filosofia do direito penal e direito penal comparado); b) ciências causal-explicativa (criminologia, biologia criminal, antropologia criminal, sociologia criminal, psicologia criminal e psicanálise criminal); c) ciências jurídico-repressivas (direito penal, direito processual penal e direito penitenciário); d) ciências auxiliares e de pesquisa, ou ciências adjutórias (política criminal, penologia, medicina legal, criminalística, psiquiatria forense, psicologia judiciária, política judiciária científica e estatística criminal).

2.2 A enciclopédia das ciências penais

Dentro de uma perspectiva mais ampla, as disciplinas que englobam a enciclopédia das ciências penais obstinam-se à perquirição, ao enfrentamento e à aplicação dos três componentes do fenômeno criminal: o delito, o criminoso e a pena.

Fincadas tais premissas, a filosofia do direito penal resume-se na análise e na crítica do direito penal naquilo pertinentes aos seus princípios, causas e modificações. O direito penal comparado é a pesquisa sistematizada e em cotejo das legislações penais dos diversos países. Com isso, pode-se afirmar que a criminologia é a ciência que estuda os fatos e as causas do fenômeno criminal, mas não só isso.

Por seu turno, o objeto que a antropologia criminal investiga são as características orgânicas e biológicas da pessoa que pratica o crime. A Biologia Criminal procede a análise do crime como fato ocorrido na vida do indivíduo. A sociologia criminal investiga o evento criminal sob a ótica de como os fatores ambientais influem na conduta criminosa.

A psicologia criminal perquire as características psíquicas do infrator que desaguam na origem do crime. A psicanálise criminal foca suas atenções na personalidade do delinquente e para os estados anímicos que o estimulam à prática delituosa.

O direito penal procede uma abordagem legal e normativa do fenômeno criminal, sendo seletivo, isto é, escolhe quais condutas são consideradas ofensivas a preceitos primários da norma, que acarretam em imposição judicial de sanções. Por seu turno, o direito processual penal vem a ser a atividade estatal de caráter instrumental da tutela penal, com um procedimento sempre em contraditório e com ampla defesa, visando aplicar ou não a lei penal em concreto, bem como a execução da pena. O direito penitenciário alude ao conjunto de regras jurídicas que regulam a atividade jurídico-carcerária.

A política criminal tem por escopo a crítica e a proposição de novas leis penais e processuais penais a partir dos dados, elementos e análises procedidas pela ciência criminológica, visando alcançar limites toleráveis de índices da criminalidade. A penologia tem por fulcro o estudo da pena, das medidas de segurança (sanções de um modo geral) e do funcionamento das instituições que tem como finalidade à ressocialização dos egressos do sistema prisional.

Seguindo na composição da enciclopédia penal, a medicina legal nas palavras de Croce e Croce Júnior: "É ciência e arte extrajurídica auxiliar alicerçada em um conjunto de conhecimentos médicos, paramédicos e biológicos destinados a defender os direitos e os interesses dos homens e da sociedade".[13]

Por sua vez, a criminalística investiga às formas como foram cometidos os crimes, por meio de recursos técnicos para sua descoberta, investigação e viabilidade processual. Já a psiquiatria forense tem por fulcro estudar os distúrbios mentais causadores de problemas jurídicos-penais. Noutro vértice, a psicologia judiciária investiga o comportamento do delinquente na execução do crime. A política judiciária científica exerce imensa importância, a medida que é da sua incumbência a pesquisa dos vestígios deixados pela infração criminal e indícios suficientes da sua autoria. Por fim, fator de grande relevância nos estudos criminológicos, a estatística criminal tem por objetivo a observação etiológica do delito, visando propiciar estratégias eficientes

---

[13] CROCE JÚNIOR, Delton; CROCE, Delton. *Manual de Medicina Legal.* 5. ed. São Paulo: Sairava, 2004. p. 1.

de planejamento e de avaliação da eficiência institucional no combate à criminalidade.

3 Finalidade da criminologia

O vocábulo "crime" tem sua origem na expressão grega *krimos*, que quer dizer ordem social. Em sentido etimológico, o termo quer dizer atos que vão contra a ordem social e merecem uma repressão.

A criminologia, por seu turno, estuda o crime enquanto fenômeno antissocial, bem como suas causas e os problemas sociais daí decorrentes. Pode-se afirmar que o objeto da criminologia é a periculosidade, tendo por escopo a pesquisa teórica da etiologia criminal. Existem vários temas que são objeto de estudo da criminologia e são absolutamente irrelevantes para o Direito Penal, por exemplo, o suicídio, a neurose de ansiedade ou o alcoolismo. A criminologia é uma ciência interdisciplinar e causal-explicativa, colocando-se como ciência zetética com uma visão eminentemente humanística.

De forma pacífica, a doutrina entende que a finalidade da criminologia é o levantamento sistemático de dados, mediante a análise científica interdisciplinar criteriosa, visando informar a sociedade e os poderes públicos sobre um diagnóstico qualificado e conjuntural sobre o fenômeno criminológico, objetivando ao controle social do comportamento desviante.

Sendo uma ciência, possui um método, que é o método empírico e indutivo – do fato para o direito. Com a reunião desses conhecimentos empíricos precisos na observação do fato, possibilita municiar os atores responsáveis pela política criminal de dados de como atuar de maneira proativa no aperfeiçoamento da legislação penal e processual penal. Dessa forma, a política criminal emitirá um juízo valorativo, indispensável para se proceder a uma análise isenta de como interferir na mudança da lei penal e processual penal, visando desestimular a prática criminosa e encontrar meios de prevenir com eficácia a conduta delituosa, evitando-se as consequências desastrosas da prática do crime em relação à vítima, através de um controle social mais efetivo, alcançando-se com isso a paz social possível.

4 Controle Social

A convivência em sociedade nem sempre é fácil. É aquele conhecido dilema do porco-espinho narrado por Arhur Schopenhauer. Se o porco-espinho fica muito próximo do outro, acaba se espetando com os espinhos alheios, tal qual as pessoas, usando-se aqui uma linguagem metafórica; e se fica muito afastado um do outro, sente frio, causando problema de igual modo. Difícil é encontrar o distanciamento ideal para nem sentir frio e nem ficar incomodado com o espinho do outro.

Uma forma de manter o bando coeso é através do controle social, mecanismo utilizado pelos detentores do poder para exercício de seu poder. É como disse Maquiavel: "O príncipe, portanto, não deve se incomodar com a reputação de cruel, se seu propósito é manter o povo unido e leal".[14]

Na contemporaneidade, o estudo da ciência criminológica está calcado em quatro pilares, a saber: o crime, o criminoso, a vítima e o controle social.

A criminologia tem por foco o estudo da eficácia do sistema de penas e a persecução penal. É como nos ensinam os criminólogos Newton e Valter Fernandes: "O Direito Penal tem como objeto a culpabilidade, o objeto da criminologia é a periculosidade".[15] Em última análise, a importância da criminologia é verificar a eficácia da ressocialização, da prevenção geral e da retribuição penal.

Numa vertente eminentemente criminológica, o controle social pode ser informal e formal. O primeiro é desempenhado pela sociedade civil desde a mais tenra idade, através da família, da escola, da opinião pública, da igreja, dos hospitais, de orfanatos, do exército, de manicômios e de asilos, atuando de maneira sutil no comportamento individual e coletivo ao mesmo tempo, modelando a "sociedade disciplinar" que se espera, como a ela se referia Michel Foucault.

Se o controle informal não funcionar e os freios inibitórios individuais não correspondem ao comportamento social padrão esperado pelos dominantes, é convocado o controle formal, por meio do Estado Leviatã, como um aparato policial bem treinado, o Ministério Público, o

---

[14] MAQUIAVEL, Nicolau. *O Príncipe*. Tradução: Pietro Nasseti. São Paulo: Martin Claret: São Paulo, 2000. p. 98.
[15] FERNANDES, Newton; FERNANDES, Valter. *Criminologia Integrada*. 2. ed. São Paulo: Revista dos Tribunais, 2002. p. 47.

próprio Exército, e, em último caso, o Poder Judiciário, atuando sobre a vida do indivíduo de modo coercitivo, na sua missão de vigiar e punir.

De suma importância neste espectro é a verificação da eficácia do controle social do crime, promovendo uma análise empírica dos efeitos das sanções penais, das vantagens e dos aspectos desvantajosos para o criminoso e para a sociedade, tendo por escopo filtrar, num prisma mais acurado, a submissão do indivíduo às normas e aos padrões sociais vigentes.

A colheita de dados é elementar para a estatística criminal, mas é apenas um instrumento de que se vale a criminologia na percuciente análise da realidade fenomenológica criminal e na eficácia da política criminal predominante, bem como do planejamento da Justiça Criminal, sendo insuficiente para se aferir a proficuidade somente à coleta de dados. Necessário se faz proceder a uma análise criminológica dos dados estatísticos para o controle social, para se mensurar a eficácia social ou não das leis penais.

Sob essa ótica, a criminologia não se restringe ao sistema de reação social previsto na norma jurídica, vai mais além, buscando a sanção social da conduta tida como criminosa, que não está alicerçada em qualquer norma ou lei.

Em sendo assim, o controle social formal somente atua quando falharem os elementos que compõem o controle social informal, demandando uma atuação em caráter coercitivo e repressivo, com a imposição de sanções jurídicas, diga-se: penas e medidas de segurança. Completamente diversas das sanções sociais existentes no controle social informal.

Desta forma, o controle social informal atua em caráter subsidiário e fragmentário, tornando concreto o princípio da intervenção mínima do direito penal, somente podendo atuar o direito penal em caráter de última razão, servindo como um norte magnético para os estudos criminológicos.

Nesta linha de entendimento, bifurca-se o controle social nas teorias do consenso e na teoria do conflito. Em outras palavras, quando falha a educação é necessária a coerção.

Necessário, portanto, desvelar-se o significado dos valores sociais e o papel que esses mesmos valores desempenham na tessitura social. As duas teorias mencionadas divergem na conclusão.

Seguindo a trilha delineada pela teoria do consenso, o propósito social é alcançado quando as instituições responsáveis pelo controle social atingirem um efetivo funcionamento, bem como quando existe uma boa aceitação por parte dos cidadãos das regras penais e processuais penais vigentes, acarretando assim uma adequação social ao ordenamento jurídico (em homenagem ao princípio da adequação social).

Nesse sentido, é imperioso mensurar a efetividade antropológica do direito penal e do direito processual penal, que nas precisas palavras de Zaffaroni: "Los condiciones de efectividade del derecho penal. Nos hemos referido hasta aquí a las puras condiciones de existencia del derecho penal, pero nos quedan por ver sus condiciones de efectividad, es decir, que para nosotros, dentro del derecho penal hay un 'derecho penal efectivo' (antropologicamente fundado) y un derecho penal 'no efectivo' que menos efectivo sera cuanto más alejado se encuentre de su fundamentatión antropológico".[16]

Sintetizando o tema, o professor Zafforini assim nos ensina: "El derecho penal antropológicamente fundando es un derecho penal liberador, en tanto que su contrario presenta la característica de ser represivo. El derecho penal es liberador cuando asume su verdadera forma de 'util' para el hombre, de instrumento que, al procurarle seguridad jurídica, sirve para posibilitarle el encuentro de su verdad y su elección conforme a ella. Por el contrario, resulta represivo cuando hace al hombre instrumento del Estado, de su ley penal. Ese derecho penal cae en la idolatría y, en caso de extremar sus caracteres represivos, llega a dejar de ser derecho, porque suele desenbocar en una violación a las condiciones mismas de existencia del mismo. Afirmar que todo derecho penal es 'represivo' porque 'reprime' es caer en un absurdo positivismo infantilista, conforme al cual todo da lo mismo. Ello es resultado de confundir el medio con el fin y dar al primero el valor del segundo".[17]

Observamos que Zaffaroni é uma das vozes mais abalizadas que pregam o direito penal mínimo, porém o direito penal e processual penal devem visar atingir uma eficácia social e antropológica, consistente num controle social formal mais efetivo, que forneçam condições mínimas de segurança jurídica e segurança pública, tais como vaticinados no texto constitucional.

---

[16] ZAFFARONI, Eugenio Raúl. *Tratado de Derecho Penal*. Parte General II. 4. ed. Buenos Aires: Ediar, 2005. p. 429.
[17] *Ibidem*, p. 430.

CAPÍTULO 1

ASPECTOS HISTÓRICOS DA CRIMINOLOGIA

> *"Em uma noite de domingo, o padeiro da aldeia ouviu uma pancada na vidraça gradeada. Correu. Chegou a tempo de ver um braço passando por uma abertura feita por um murro na vidraça. O braço pegou um pão. O padeiro perseguiu o ladrão, que tentava fugir. Era Jean Valjean. Isso aconteceu em 1795. Por esse crime, foi condenado a cinco anos de galés. Explica-se: galés eram os barcos movidos a remo... Durante a prisão, o infensivo podador de árvores tornou-se um homem terrível. Tinha ódio da lei e da sociedade. Por consequência, de toda a humanidade. De ano para ano, sua alma foi se tornando amarga. Desde que fora preso havia dezenove anos, Jean Valjean não soltava uma lágrima".*
> Victor Hugo. Os miseráveis.

De início, pode-se afirmar que o comportamento humano sempre foi objeto de análise e investigação material desde as mais priscas eras. Dessa forma, a história da criminologia está catalogada em períodos ou fases que passaremos a analisar de forma mais detida.

Lastreando-se em bases didáticas, de forma a constituir uma evolução do estudo sistemático da criminologia, passa-se a análise dos seguintes períodos históricos: a) período da antiguidade aos precursores da antropologia criminal; b) período de antropologia criminal; c) período de sociologia criminal; d) período de política criminal.

1.1 Período da Antiguidade aos precursores da antropologia criminal

Em seu período inaugural, foi com o Código de Hamurabi (Babilônia), que foi o primeiro código de leis da história, de forma inovadora elenca o delito de corrupção praticado por funcionários públicos, tal como previsto nos Códigos Penais modernos.

É digna de nota a legislação de Moisés (século XVI a.C.) recebida diretamente de Deus, é parte integrante dos livros da Bíblia, que formam o Pentateuco (cinco livros), que estabeleceu sanções para quem descumprisse as escrituras sagradas. Registro aqui que os cinco primeiros livros da Bíblia cristã (Gênesis, Êxodo, Levítico, Números e Deuteronômio) correspondem à Torá judaica.

No mundo oriental, um dos maiores pensadores de todos os tempos, Confúcio (551-478 a.C.) fez a seguinte ponderação: "tem cuidado de evitar os crimes para depois não ver-te obrigado a castigá-los".

Na civilização grega, muitos filósofos engendraram posicionamentos sob nítida inspiração criminológica. Por exemplo, Alcmeon, de Cretona (século VI a.C.), que foi psicólogo e médico, ficou conhecido como o primeiro a dissecar animais, tal como o fez posteriormente Leonardo da Vinci para aperfeiçoamento de suas obras e estudos, e depois enveredou no estudo das características biopsíquicas dos delinquentes.

O pensador Esopo, século VI a.C., que escreveu fábulas que marcaram a história da humanidade, assim se manifestou: "os crimes são proporcionais a capacidade dos que os cometem". Certamente que serviu de inspiração para os teóricos posteriores desenvolvessem a ciência criminológica.

Protágoras (485-415 a.C) entendia a sanção como meio de evitar a prática de novas infrações pelo exemplo, que deveria dar a todos os membros de um corpo social. Uma concepção incipiente da pena como prevenção geral negativa.

Sócrates (470-399 a.C), que não escreveu qualquer obra, mas disse por meio de seus discípulos Platão e Xenofonte, divulgadores de seus pensamentos: "que se devia ensinar aos indivíduos que se tornavam criminosos como não reincidirem no crime, dando a eles a instrução e a formação de caráter de que precisavam".

Hipócrates, que passou para a posteridade como o pai da medicina, disse: "todo vício é fruto da loucura". Em outras palavras, quis dar a entender que todo crime provém da loucura. O autor forjou as bases da imputação penal e consagrou o princípio penal da inimputabilidade ou irresponsabilidade do homem insano.

Platão, sob ineludível inspiração criminológica, disse por meio de Sócrates: "De todos nós, que vos proclamais defensores da justiça, começando nos heróis de outrora, cujos discursos se conservaram até aos contemporâneos, ninguém jamais censurou a injustiça ou louvou a justiça por outra razão que não fosse a reputação, honrarias, presentes, dela derivados".[18] No mesmo passo, afirmou que: "o ouro do homem sempre foi motivo de seus males".[19] Proclamou que a ambição, a cobiça e a cupidez davam origem à criminalidade. Em palavras menos congestionadas, quis dizer que os fatores econômicos são deflagradores de crimes.

De acordo com Platão: "onde há gente há pobre haverá patifes, vilões, etc.". Segundo o pensador da Academia grega, o criminoso tinha o comportamento parecido com um doente.

Aristóteles (388-322 a.C), na obra *A Política*, bradou: "A causa da igualdade entre os animais deveria ser defendida. Por esse motivo é que se estabeleceu o ostracismo nos Estados Democráticos, quiçá mais do que todos zelosos da igualdade. Quando o cidadão parecia sobrepor-se aos demais pelo seu crédito, pela sua fortuna, pelo número de amigos ou por alguma influência política, o ostracismo o alcançava e afastava da cidade por um prazo certo".[20] E complementa: "a miséria engendra rebelião e delito". Aqui se evidencia a importância de causas econômicas para a ocorrência de certos delitos.

Escreveu Aristóteles que os crimes mais graves cometidos pelo ser humano não objetivavam possuir apenas o necessário, mas ter acesso ao que era considerado supérfluo. Em suas próprias palavras: "A lei considera apenas o caráter distintivo do delito e trata as partes como iguais, perguntando apenas se uma comete e a outra sofre a injustiça, se uma é autora e a outra é vítima do delito. Sendo, então, esta espécie de injustiça uma desigualdade, o juiz tenta restabelecer a igualdade, pois também no caso em que uma pessoa é ferida e a outra inflingiu um ferimento, ou uma matou e a outra foi morta, o sofrimento e a ação

---

[18] PLATÃO. *A República*. São Paulo: Martin Claret, 2000. p. 53.
[19] *Ibidem*.
[20] ARISTÓTELES. *Política*. São Paulo: Martin Claret, 2001. p. 103.

foram desigualmente distribuídos, e o juiz tenta igualar as coisas por meio da pena, subtraindo uma parte do ganho do ofensor".[21]

Por outro lado, na obra *Retórica*, Aristóteles aborda o caráter dos delinquentes, destacando-se o fator reincidência. Em suas próprias palavras: "Um delito é também maior quando foi um só a cometê-lo, ou foi o primeiro, ou se cometeu com a ajuda de poucos; quando se cometeu muitas vezes a mesma falta; quando por causa dele se procuraram e inventaram meios de prevenção e castigo".[22]

Aristóteles destaca outras circunstâncias que deveriam ser observadas como atenuantes dos delitos. Entrementes, considerava que as paixões eram mais importantes que as razões econômicas na etiologia do crime.

Conforme se deflui da análise do pensamento dos autores acima citados, este período é responsável por evidenciar as bases e premissas éticas do crime e sua correspondente punição.

1.2 Idade Média

Na Idade Média, prevalecia o sistema feudal na Europa, sendo o cristianismo a ideologia religiosa predominante nesse período. Santo Agostinho (354-430 d.C.), que fez parte da vertente filosófica cognominada "Patrística", é considerado um pensador medieval e para quem a chamada "pena de talião" era a "justiça dos injustos". Sustentava ele que a pena devia ser uma medida de defesa social e contribuir para a regeneração do culpado, além de implicitamente conter uma ameaça e um exemplo. No final de sua vida, o filósofo de Hipona lutou contra as heresias, que eram consideradas crimes na época. Muitas das ideias platônicas foram transplantadas para o cristianismo graças ao poder intelectual de Santo Agostinho.

Noutro norte está a corrente filosófica, que ficou conhecida como "escolásticos", uma vez que o imperador Carlos Magno começou a estimular e difundir o ensino, ao construir escolas que seriam dirigidas pela igreja, mas não se preocupavam diretamente com a questão da criminalidade. Até quando começa a ter destaque São Tomás de Aquino (1226-1274), que ficou conhecido como "doutor angélico", aquele que

---

[21] ARISTÓTELES. *Ética a Nicômaco*. Tradução: Pietro Nasseti. São Paulo: Martin Claret, 2000. p. 110.
[22] ARISTÓTELES. *Retórica*. Tradução: Manuel Alexandre Júnior, Paulo Farmhouse Alberto e Abel do Nascimento Pena. 5. ed. Lisboa: Imprensa Nacional, 1999. p. 96-97.

viria a ser o criador da chamada "Justiça Distributiva", (que manda dar a cada um aquilo que é seu, segundo uma certa igualdade), inspirado nas ideias de Aristóteles. Ele defendia que a pobreza é propiciadora do crime de roubo. Na *Summa Theológica*, advogou a ideia de que o "furto famélico" não mereceria punição, preconizando uma espécie de política criminal, que para o Código Penal é enquadrada a conduta como estado de necessidade, sendo uma das quatro excludentes de ilicitude.

Não se pode esconder que o crime é uma faceta do mal para a sociedade. Na visão de Tomás de Aquino, o mal é o não ser. O mal está mais para uma desobediência a Deus, em virtude da liberdade da criatura humana, que possui discernimento e racionalidade, aproximando-se muito da ideia de delito e pecado, merecendo, respectivamente, pena e castigo.

1.3 Escola Clássica

Aqui se engendra os limites do poder punitivo do Estado em contraposição à liberdade individual, visando humanizar as penas, baseada nas ideias iluministas, contrapondo-se às torturas e penas cruéis, preconizando que a pena possui um fim de tutela, visando recompor a ordem alterada pela prática do delito, atribuindo-se o fundamento da responsabilidade criminal ao livre arbítrio, já analisado por Santo Agostinho, e na imputabilidade ética – tal como pregava Aristóteles na Ética a Nicômaco, aproximando-se o sentido de justiça enquanto virtude, pois a vida não se realiza acidentalmente, porém mediante o agir. A vida do homem é guiada por uma finalidade e deve haver algo que ordena e dá sentido a tudo que ele faz. O sumo bem para o qual tende o homem é a *eudaimonia* (traduzida como felicidade – atividade da alma conforme a razão), não no sentido individualista, mas coletivo, devendo o homem desempenhar ofícios de acordo com suas aptidões, pois cada ser traz em si uma especificidade que lhe é própria, o tocador de cítara e o sapateiro, que são exemplos citados pelo Estagirita.

Em síntese, a pena deve ser proporcional, certa, conhecida e justa. Os defensores da Escola Clássica focam seus estudos na vontade livre e consciente do ser humano, signatário do contrato social (Montesquieu, Hume e Rousseau) que descumpre a lei, merecendo a imposição de uma pena.

Em virtude da sua notável clareza de pensamento, no período clássico o precursor foi Cesare Beccaria, o conhecido Marquês de

Beccaria, um milanês reacionário no campo das ideias que forjou a justiça criminal como ela se apresenta hoje. Ele inaugura uma visão utilitarista das penas, sendo ele um contratualista e individualista. Beccaria é contra a pena de morte, salvo em tempo de guerra. Como preconizava de forma lapidar:

> Não é o grau intenso da pena que produz maior impressão sobre o espírito humano, mas sim sua extensão, pois a sensibilidade humana é mais facilmente e mais constantemente afetada por impressões mínimas, porém renovadas, do que por abalo intenso, mas efêmero... Para que a pena seja justa, só deve ter os indispensáveis graus de intensidade suficientes para afastar os homens dos delitos; ora não há ninguém que refletindo a respeito, possa escolher a total e perpétua perda da liberdade, por mais vantajoso que o delito possa ser. Assim, a intensidade da pena de escravidão perpétua, substituindo a pena de morte, contém o suficiente para dissuadir o espírito mais determinado.[23]

De acordo com sua perspectiva, a pena não se destinava a anular um fato ilícito já praticado, mas a desestimular o culpado a continuar praticando fatos delituosos, bem como evitar que os demais indivíduos venham a praticá-los, pelo caráter expiatório da pena.

De forma resumida, a importância da obra de Beccaria – *Dos Delitos e das Penas* (1764) – é ímpar. Serviu para enunciar o conteúdo dos pilares dos principais princípios constitucionais penais modernos, a exemplo do nulo crime, nula pena, sem que haja previsão anterior em lei (princípios da legalidade e da anterioridade); a indispensabilidade que as acusações não sejam secretas (princípio da publicidade); o repúdio à tortura, sob pena de ser considerada afronta infamante; julgamento dos delinquentes exclusivamente por magistrados; igualdade de penas para todos os condenados (princípio da igualdade). Erigiu ainda a necessidade da individualização da pena (princípio da proporcionalidade e individualização da pena), levando-se em consideração as características individuais do fato criminoso praticado, um panfleto contra os excessos punitivos do antigo regime, deflagrando uma resposta humanista do Estado à infração penal cometida, pregando uma isonomia das penas entre todas as pessoas.

---

[23] BECCARIA, Cesare. *Dos delitos e das penas*. Tradução: José Cretella Júnior e Agnes Cretella. 2. ed. São Paulo: Revista dos Tribunais, 1999. p. 91-92.

1.4 Escola Positiva ou Positivista

De acordo com essa linha de entendimento: a) a criminalidade é vista como um fenômeno natural determinado de maneira causal. Afasta-se o conceito de livre arbítrio; b) É função da criminologia explicar as causas do delito, adotando-se métodos científicos capazes de reprimir a conduta delituosa; e c) A criminologia incorpora o papel de defesa da tessitura social, levando-se em conta a periculosidade do agente.

1.4.1 Período de Antropologia Criminal

Sob uma concepção histórica, a criminologia ganha notoriedade a partir do ano de 1875, ocasião em que César Lombroso (1835-1909) dá início ao estudo da Antropologia Criminal.

Especialmente digno de nota é o entendimento, a meu ver já consagrado, de que César Lombroso tem a concepção básica de que sua teoria é a do fenômeno biológico do crime e do método experimental em seu estudo, calcado numa perspectiva morfológica. Com isso, há um abandono da teoria encampada pela Escola Clássica do livre arbítrio.

Primeiramente, pretendeu explicar o delito pelo atavismo, do concretismo, da verificação prática do delito. Em sendo assim, o criminoso é um ser atávico, isto é, representa uma regressão ao homem primitivo ou selvagem. Ele nasce já delinquente, como outros nascem enfermos ou sábios. A causa dessa regressão é o processo, conhecido em Biologia como degeneração, isto é, parada de desenvolvimento, como um verdadeiro salto para trás que se opera no processo hereditário do indivíduo.

No final do século XIX, Lombroso imprime cientificidade ao estudo da criminologia, com a publicação do Homem Delinquente. Segundo Lombroso, tal criminoso apresenta os sinais evidentes da degenerescência, com deformações e anomalias anatômicas, fisiológicas e psíquicas. Mediante a lição lombrosiana, caracterizavam o delinquente nato a assimetria craniana, a fronte fugidia, as orelhas em asa, zigomas salientes, arcada superciliar proeminente, prognatismo maxilar, face ampla e larga, cabelos abundantes etc. A estatura, o peso, a braçada etc. seriam outros caracteres anatômicos. Inaugura o método experimental, com o exame dos crânios dos criminosos multirreincidentes, muito embora a expressão "criminoso nato" é cunhada por Enrico Ferri.

Esses cérebros de pessoas multirreincidentes, aliados a características como insensibilidade física, analgesia (insensibilidade à dor), mancinismo (uso preferencial da mão esquerda) ou ambidestrismo (uso indiferente das mãos), disvulnerabilidade (resistência aos traumatismos e recuperação rápida), distúrbios dos sentidos e outros caracteres fisiológicos. Considerando todos esses fatos, Lombroso começa a traçar tipologias de delinquentes, tentando resolver a origem do comportamento criminoso. Citando-o textualmente: "Todas as estatísticas penais inclinam-se à constatação da regularidade e da frequência sempre maior da reincidência entre os delinquentes".[24]

Importante são os caracteres psíquicos: insensibilidade moral, impulsividade, vaidade, preguiça, imprevidência etc.

Contudo, advertia Lombroso que só a presença de diversos estigmas é que denunciaria o *tipo criminoso*, pois pessoas honestas e de boa conduta poderiam apresentar um outro sinal. Além disso, necessário era ter presente que criminosos, como os ocasionais e passionais, podiam não apresentar anomalias.

Diante desse dilema, surge um problema difícil de contornar, uma vez que começa um discurso de aplicação de sanções pré-delituais, de caráter preventivo, visando proteger a sociedade com a aplicação da pena de prisão perpétua ou de morte. Mediante uma análise das características físicas, seria possível identificar um indivíduo que poderia delinquir. Porém, nem todos os criminosos seriam criminosos natos, apenas o verdadeiro criminoso seria nato.

Todavia, isso não explicava a etiologia do delito. Era necessário achar a causa da degeneração, pensando Lombroso encontrá-la na Epilepsia, que ataca os centros nervosos e perturba o desenvolvimento do organismo, produzindo regressões atávicas. Verifica-se que Lombroso, diversamente de seus antecessores, não se contentou com especulações metafísicas e abstratas, colhendo dados para investigação científica e constatação, que redundou na inauguração propriamente dita da criminologia como ciência empírica-indutiva. Foram usadas mais 400 (quatrocentas) autópsias de delinquentes contumazes e mais 6.000 (seis mil) análises de delinquentes vivos.

---

[24] LOMBROSO, César. *O Homem Delinqüente*. Tradução: Maristela Bleggi Tomasini e Oscar Antonio Corbo Garcia. Porto Alegre: Ricardo Lenz, 2001. p. 401.

1.4.2 Período de sociologia criminal

Enrico Ferri (1856-1929) é o nome de maior relevo da Escola Positiva, sendo o autor da obra Sociologia Criminal (1914). Conferiu maior expansão à análise do trinômio causal do delito – fatores antropológicos, sociais e físicos. Pregou a responsabilidade social em substituição à moral: o homem só é responsável porque vive em sociedade; isolado em uma ilha, não tem qualquer responsabilidade. Respondia assim a objeção dos clássicos de que, negando o livre arbítrio, o determinismo levava à impunidade, pois iníquo seria punir quem fatalmente praticaria crimes. Em suas palavras: "A periculosidade do delinquente é o critério (subjetivo) fundamental que se substituía ao critério clássico (objetivo), da entidade do crime".[25]

Nesse ponto, Ferri entende que o homem não é livre, também não é o Estado, na sua necessidade de reprimir o crime, para defesa do direito e da sociedade. Registro que foi o idealizador da Lei da Saturação Criminal. Também foi ele quem esculpiu a expressão "criminoso nato".

Mais do que a repressão, deu ele importância à prevenção, sugerindo, então, medidas que denominou de substitutivos penais, destinadas a modificar condições mesológicas, principalmente as sociais e econômicas, de efeitos criminógenos.

Prega que a pena deve ser indeterminada, adequada ao delinquente, e visar ao reajustamento para o convívio social. Com isso, nega o livre arbítrio, sendo fruto do determinismo social.

Sendo coerente com seus estudos, classificou os criminosos em cinco categorias: nato; louco; habitual; ocasional; e passional.

O primeiro tipo de criminoso é aquele cujo traço característico, para Ferri, é a mais absoluta atrofia do senso moral.

O criminoso louco, contrariando os postulados clássicos, para os quais a expressão era contraditória, pois o louco não pode delinquir. A espécie abrangia também os matoides, ou indivíduos situados na zona que se estende entre a sanidade e a enfermidade psíquica (fronteiriços).

O delinquente habitual é sobretudo produto do meio: mais do que os fatores endógenos, influem neles os exógenos. Em regra, iniciam sua vida criminosa bem cedo e por pequenos delitos, a que correspondem penas de curta duração; cumpre-as em prisões inadequadas, onde, em contato com outros delinquentes, se corrompe ainda mais.

---

[25] FERRI, Enrico. *Princípios de Direito Criminal*. Tradução: Paolo Capitanio. 2. ed. Campinas: Bookseller, 2003. p. 274.

Reincide genérica ou especificamente, passando de pequenos delitos para mais graves.

O criminoso ocasional é fraco de espírito, sem firmeza de caráter e versátil. É impelido pela ocasião, criada por fatores diversos, como a miséria, influência de outrem, esperança de impunidade etc.

O passional, em regra, é honesto, contudo, de temperamento nervoso ou de "pavio curto" e com uma sensibilidade aflorada. Age sem premeditação e sem dissimular, apenas por impulso. Confessa o delito e arrepende-se, pelo que, frequentemente, acaba se suicidando.

Dividindo as paixões em sociais e antissociais, o eminente autor, para aquelas, preconiza tratamento excessivamente brando, que beira a impunidade.

Delineando-se os estudos desenvolvidos por Ferri, verifica-se que o criminoso não era um homem necessariamente igual aos demais indivíduos, contudo, era um ser humano que deveria melhor ser analisado para se encontrar qual a pena mais adequada para o crime que o sujeito praticou.

1.4.3 Período de política criminal

Raffaele Garófalo (1851-1934) é o iniciador da fase jurídica. Foi um jurista, professor de direito penal da Universidade de Nápoles e Presidente do Tribunal Civil de Pisa. Sua obra principal é *Criminologia*.

Divide seu livro *A Criminologia* em três partes – o delito, o delinquente e a repressão penal. É nessa última que se observa o labor jurídico, buscando uma definição do delito como fenômeno natural. Em outras palavras, elabora o conceito de delito natural ou nato, considerados como tal em qualquer época e lugar. Dividia os delitos em duas espécies: delitos legais e delitos naturais.

Buscando um conceito uniforme de crime, que pairasse acima das legislações, procura criar o *delito natural*, que é "a ofensa feita à parte do senso moral formada pelos sentimentos altruísticos de piedade e probidade – não, bem entendido, à parte superior e mais delicada desse sentimento, mas a mais comum, à que se considera patrimônio moral indispensável de todos os indivíduos em sociedade".[26]

---

[26] GARÓFALO, Raffaele. *La Criminología*: Estudio sobre el delito y la teoría de la represión. Tradução: Pedro Dorado Montero. Montevideo: Bdef, 2005. p. 20.

Seguindo as diretrizes estabelecidas em seus estudos, Garófalo entende que o delinquente não é um ser normal, mas portador de anomalia do sentimento moral. Embora limitadamente, aceita a influência do ambiente social na gênese da criminalidade. Portanto, o criminoso é um ser anormal sob as óticas biológica e psíquica.

Da concepção de anomalia moral, chega-se à fatal conclusão de que o critério da medida penal deve ser a periculosidade, definida como a perversidade permanente e ativa do criminoso e a quantidade do mal previsto que se deve temer por parte dele.[27]

---

[27] *Ibidem*, p. 275.

CAPÍTULO 2

CRIMINOGÊNESE

"A porta da verdade estava aberta,
mas só deixava passar
meia pessoa de cada vez.

Assim não era possível atingir toda a verdade,
porque a meia pessoa que entrava
só trazia o perfil de meia verdade.

E sua segunda metade
voltava igualmente com meio perfil.
E os dois meios perfis não coincidiam.

Arrebentaram a porta. Derrubaram a porta.
Chegaram a um lugar luminoso
onde a verdade esplendia seus fogos.
Era dividida em duas metades,
diferentes uma da outra.

Chegou-se a discutir qual a metade mais bela.
As duas eram totalmente belas.
Mas carecia optar. Cada um optou conforme
seu capricho, sua ilusão, sua miopia".

Carlos Drummond de Andrade. ***Contos Plausíveis***.

2.1 Conceito e aspectos preliminares

"Criminogênese", em sentido etimológico, é a busca pela origem do crime. É o estudo que tem por finalidade investigar as raízes, as causas que conduzem na deflagração da conduta criminal. Visa entender a motivação do crime, porque o criminoso elegeu aquela atitude ilícita, podendo escolher outra lícita. É sinônimo de etiologia criminal.

Dentro do campo de atuação da criminologia tradicional, a Criminogênese perscruta a origem das condutas criminosas para tentar estudar suas causas e encontrar meios para desestimulá-las. A conduta humana tem sido objeto de observações, pesquisas e análises desde os mais remotos tempos da humanidade na Terra. E, podemos afirmar que a explicação para este ou aquele comportamento humano sempre foi procurada no minucioso exame do próprio homem, seja pela questão biológica, seja pela questão social ou psíquica.

Calcada numa visão transdisciplinar, são três os pilares centrais que procuram explicar a origem do crime: a biológica, a psicogenética e a sociológica, fatores que projetam os comportamentos criminosos. Não se pode esquecer que o Estado visa imputar medo no criminoso, com o fulcro de evitar a ocorrência de condutas consideradas criminosas no futuro.

Sem dúvida, uma análise transdisciplinar, de natureza sociológica, econômica, filosófica, política, médica e psicológica, ajuda a entender o fenômeno criminal em sua inteireza e encontrar caminhos para evitar que a conduta criminosa se banalize no seio da sociedade, espalhando medo pelas cidades, embora esse acompanhe o pacote da máquina do poder para o exercício do controle social. É como disse Miguel de Cervante no livro *Dom Quixote*: "O medo tem muito olhos e enxerga coisas no subterrâneo".

De forma incomum, explica Bauman que:

> O medo é mais assustador quando difuso, disperso, indistintivo, desvinculado, desancorado, flutuante, sem endereço nem motivos claros; quando nos assombra sem que haja uma explicação visível, quando a ameaça que devemos temer pode ser vislumbrada em toda parte, mas em lugar algum se pode vê-la. "Medo" é o nome que damos a nossa *incerteza*: nossa *ignorância* da ameaça e do que deve ser *feito* – do que pode e do que não pode – para fazê-la parar ou enfrentá-la, se cessá-la estiver além do nosso alcance.[28]

---

[28] BAUMAN, Zugmunt. *Medo líquido*. Tradução: Carlos Alberto Medeiros. São Paulo: Zahar, 2008. p. 2.

O controle social, um dos quatro objetos da criminologia, é uma forma de exercício de poder, e o medo é a ferramenta preferida dos poderosos para exercerem o controle social. Não é à toa que Maquiavel, que escreveu *O Príncipe*, uma obra-prima da política, bradava numa só voz: "Chegamos assim à questão de saber se é melhor ser amado que temido. A resposta é que seria desejável ser ao mesmo tempo amado e temido, mas que, como tal combinação é difícil, é muito mais seguro ser temido, se for preciso optar, mas o temor mantido pelo medo do castigo que nunca falha".[29] Uma verdadeira ode ao exercício do poder sem escrúpulos.

Quando os valores são selecionados pela política criminal e se tornam lei penal, tem-se o verdadeiro nascedouro do crime hodierno. Quando se valora condutas indesejadas que, em seguida, serão transformadas no comportamento criminoso prescrito em lei – teoria do etiquetamento –, até mesmo porque vigora o princípio da legalidade no direito penal, e somente a lei abre as portas da prisão. Portanto, a política em geral e seu exercício do medo acabam influenciando a política criminal para se ter obediência, gerando um mal-estar geral na civilização. É como, com rara habilidade, nos ensina Bauman:

> O medo e o mal são irmãos siameses. Não se pode encontrar um deles separado do outro. Ou talvez sejam apenas dois nomes de uma só experiência – um deles se referindo ao que se vê e ouve, o outro ao que se sente. Um apontando para o 'lá fora', para o mundo, o outro para o "aqui dentro", para você mesmo. O que tememos é o mal; o que é o mal, nós tememos... Podemos dizer o que é o "crime" porque temos um código jurídico que o ato criminoso infringe. Sabemos o que é "pecado" porque temos uma lista de mandamentos cuja violação torna os praticantes pecadores. Recorremos à ideia de 'mal' quando não podemos apontar que regra foi quebrada ou contornada pela ocorrência do ato para o qual procuramos um nome adequado.[30]

Na realidade nua e crua, tudo visa ao controle social. A doutrina tradicional atribui a fatores biológicos ou sociológicos a origem do crime, como nos ensina Sumariva:

---

[29] MAQUIAVEL, Nicolau. *O Príncipe*. Tradução: Pietro Nasseti. São Paulo: Martin Claret: São Paulo, 2000. p. 99.
[30] *Ibidem*, p. 43.

Encontramos teorias que afirmam ser criminogênese determinada pela estrutura física e mental do indivíduo. Outros valorizam a análise dos conflitos de adaptação do indivíduo e suas relações com diversos grupos a que pertencem. Atribui a responsabilidade da formação do caráter antissocial às relações familiares defeituosas nos primeiros anos de vida. Existem também outros autores que relacionam a criminogênese à ação da sociedade sobre o indivíduo.[31]

A noção germinal do crime está intrincada com a ideia do mal, sendo o comportamento do bem um comportamento padrão, ideal e ético. Não é por acaso que estudamos o comportamento ético, pois para Marilena Chaui:

> Do ponto de vista do valores, a ética exprime a maneira como uma cultura e uma sociedade definem para si mesmas o que julgam ser mal e o vício, a violência e o crime, como contrapartida o que consideram ser o bem e a virtude, a brandura e o mérito. Independentemente do conteúdo e da forma que cada cultura lhe dá, todas as culturas consideram virtude algo que é o melhor como sentimento, como conduta e como ação; a virtude é a excelência, a realização perfeita de modo de ser, sentir e agir. Em contrapartida, o vício é o que é o pior como sentimento, como conduta e como ação; o vício é a *baixeza* dos sentimentos e das ações.[32]

Lado outro, a moral é percebida como algo que está arraigado numa sociedade desde sempre, enquanto a ética é o estudo dos valores morais nessa mesma sociedade. Valendo-se em nosso socorro do magistério abalizado de Marilena Chaui, assim dimensiona essa questão:

> Toda cultura e cada sociedade institui uma moral, isto é, valores concernentes ao bem e ao mal, ao permitido e ao proibido, e à conduta correta e à incorreta, válidos para todos os seus membros. Culturas e sociedades fortemente hierarquizadas e com diferenças de castas ou de classes muito profundas podem até mesmo possui várias morais, cada uma delas referidas aos valores de uma casta ou de uma classe social.[33]

Aqui existe a zona de toque entre a criminologia e a moral, fazendo-se a ponte com a política criminal, que numa primeira parada da estação do trem da vida conduz o fato até virar valor. E, na segunda parada da outra estação do trem da vida, o valor é conduzido até se

---

[31] SUMARIVA, Paulo. *Criminologia*: Teoria e Prática. 6. ed. Nitério: Impetus, 2019. p. 3.
[32] CHAUI, Marilena. *Convite à filosofia*. 13. ed. São Paulo: Ática, 2004. p. 309.
[33] *Ibidem*, p. 310.

transmutar em norma moral, que com a roupagem da lei penal na terceira parada do trem ganha o nome de crime. Isso é que deixa de ser o juízo de fato (ser-empírico), para virar um juízo moral (deve ser-normativo). Em palavras menos congestionadas, explica-nos a professora Marilena Chaiu que:

> Juízos de fato são aqueles que dizem que algo é ou existe, e que dizem que as coisas são, como são e porque são. Em nossa vida cotidiana, mas também na metafísica e nas ciências, os juízos de fato estão presentes. Diferentemente deles, os juízos de valor são avaliações sobre coisas, pessoas, situações, e são proferidos na moral, nas artes, na política, na religião... Juízos de valor não se contentam em dizer que algo é ou como algo é, mas se referem ao que algo deve ser. Dessa perspectivas, os juízos morais de valor são normativos, isto é, enunciam normas que dizem como devem ser os bons sentimentos, as boas intenções e as boas ações, e como devem ser as decisões e ações livres.[34]

Quando nos referimos ao senso moral e a consciência moral, estamos fazendo referência a valores introjectados dentre de nós pelo contexto social, como justiça, honradez, generosidade e retidão de conduta e de caráter, bem como a sentimentos provocados por esses mesmo valores em nós, a exemplo de admiração, vergonha, culpa, remorso, cólera, amor, dúvida, ódio, contentamento, esperança e medo.

No âmbito da moral ainda estão localizadas as decisões sobre valores, que interligam as ações ou omissões racionais com consequências para nós e para os outros. Em sendo assim, os conteúdos dos valores variam, de tempos em tempos, de sociedade para sociedade. Em todos os casos, eles estão referidos a um valor mais profundo, que fica sempre subentendido, que é a distinção entre o bem e o mal, ou definição do que uma cultura ou uma sociedade entende como sendo o bem. É como dizia Voltaire: "O mal tem asas, e o bem anda a passos de tartaruga".

Em sua obra clássica *Cândido e Otimismo*, Voltaire faz ferrenha crítica a Leibniz quando este último afirmou: "Tudo está para melhor no melhor dos mundos possíveis". Por sua vez, Voltaire apresenta em sua obra as desgraças e sofrimentos a que são acometidas as suas personagens, sempre desafiando a noção de que tudo acontece por uma razão maior e de que o mundo melhor é possível. Inquire como um Deus bondoso poderia permitir tanta injustiça e sofrimento espalhados

---
[34] *Ibidem*, p. 307.

pelo mundo. Enfim, contrário ao pensamento otimista, defendia o uso da razão e do pensamento crítico para entender melhor a realidade. Por intermédio do seu conhecido ceticismo, estimulava às pessoas a duvidarem sobre as ideias preconcebidas sobre o bem e o mal. Desconfio que ele esteja com a razão, até mesmo porque todos os seres humanos praticam atitudes boas e más todos os dias, e ratifico o pensamento do escritor francês porque as definições maniqueístas do bem e do mal são muitas vezes subjetivas e variam entre culturas e contextos históricos.

De forma prática, invoco a cátedra de Hannah Arendt, para quem o mal é banal quando se transmuta em algo comum e não está calcado numa fundamentação convincente. De acordo com a intelectual, a maldade não é intrínseca à natureza humana, porém, conferida pela incapacidade de julgar e compreender situações. Os nazistas justificaram o genocídio ocorrido na Segunda Guerra Mundial com a mortandade de milhões de pessoas, sob a justificativa de que estavam cumprindo a lei alemã.

Em seus escritos, que servem de base humanista pós-guerra, Arendt defendeu que a massificação da sociedade criou uma multidão de pessoas que são incapazes de proceder a julgamentos morais, razão pela qual as pessoas aceitam e cumprem ordens sem questionar o porquê. Porém, isso tem um custo, pois cumprir ordens seria alicerçar a ascensão de regimes totalitários e a banalização da razão. Transplantando tais lições para o Brasil, é o que restou caracterizado no livro *Ainda estou aqui*, escrito por Marcelo Rubens Paiva, que inspirou o filme de igual nome, de grande sucesso internacional.

Os sentimentos e as ações nascidos de uma opção entre o bem e mal também estão referidos a algo mais profundo e que está subentendido no nosso desejo de afastar a dor e o sofrimento e de alcançar a felicidade. Os sensos e as consciências morais nascem de nós mesmos enquanto seres humanos, e na nossa relação com os outros, com nossa capacidade de avaliar, discernir e decidir, tendo como pressuposto fundamental a ideia da autonomia do agente, que age a partir de si próprio. Em suma, são constitutivas das relações sociais.

Contudo, em seu estudo sobre a genealogia da moral, Friedrich Nietzsche dessacraliza a verdade como sendo o bem, a única, a intocável, a pura, colocando-a como mais um valor criado pelo homem, e conclui que na origem os valores são oriundos de uma luta plural e violenta, onde forças lutam pelo domínio. Assim, a pluralidade é a origem de tudo, e não um ser único, eterno e imutável. Em suma, a genealogia busca utilizar não a verdade – que é uma criação/ficção humana –, porém, a vida como critério avaliador. É o que ele denomina de "vontade de potência", buscando a "transmutação de todos os valores".

De igual modo, o crime não tem uma origem, tem sim uma história. Buscar a causa não resolve o problema criminológico, porque no início de tudo temos a pluralidade calcada na genealogia da moral criminal. Nossa árvore genealógica individual não tem uma única origem. Ao contrário, somos originários de um pai e de uma mãe; que, por conta disso, temos dois avôs e duas avós; temos, em decorrência disso, quatro tataravôs e quatro tataravós, e assim sucessivamente. Portanto, na origem do crime, temos uma complexidade ou pluralismo de valores e não o valor imutável da verdade, tal como explicou Nietzsche para desmistificar a verdade como sagrada e imutável, não existindo a unidade de causa criminal, mas uma pluralidade de causas, porque a escolha da conduta criminosa é uma avaliação moral, de acordo com cada cultura e seus respectivos valores de cada época ínsitos.

Em sua descrição do inferno, Dante Alighieri afirma que ele é constituído de nove círculos concêntricos, de forma afunilada, sendo que no círculo central e mais fundo é o local mais frio e habitado por Lúcifer, o líder dos demônios. As condutas indesejadas serão mais fortemente punidas, de acordo com a tábua de valores morais da conduta criminal valorada na Idade Média, punindo-se com maior severidade quem mais se aproxima da conduta correspondente à descrita no círculo central, sendo que as imputações mais graves eram a desobediência aos superiores hierárquicos, o assassinato do chefe hierárquico, o adultério e a heresia, dentre outras. Constata-se condutas quase que irrelevantes na pós-modernidade, exceto, por óbvio, o assassinato. O Código Penal brasileiro pune com penas mais severas os crimes contra o patrimônio. Qualquer semelhança não é mera coincidência!

A justiça para Aristóteles pode ser de duas formas: a justiça distributiva e a justiça corretiva. Enquanto virtude ética, do grego *areté*, são hábitos adquiridos pela experiência, e não advinda de dogmas universais. É como advertiu Bertrand Russell: "Os dogmas são a maior ameaça a liberdade de pensamento". O conceito de justiça corretiva possui uma conotação política, pois:

> A outra espécie de justiça é a corretiva, que surge em relação com transações tanto voluntárias como involuntárias. Esta forma do justo tem um caráter específico diferente da primeira. Com efeito, a justiça

que distribui posses comuns está sempre de acordo com a proporção mencionada acima (e mesmo quando se trata de distribuir os fundos comuns de uma sociedade, ela se fará segundo a mesma razão que guardam entre si os fundos empregados no negócio pelos diferentes sócios); e a injustiça contrária a esta espécie de injustiça é a que viola a proporção.[35]

Dessa forma, a proporcionalidade é um critério da justiça corretiva para Aristóteles: "Se uma autoridade fere alguém, não deve ser ferida em represália, mas se uma pessoa fere uma autoridade, não apenas deve ser ferida, como também punida".[36]

Aristóteles associa o justo ao legal, e muito do que todos nós sabemos sobre direito está intrincada a ideia de justo.

2.2 O crime e a ideia do mal em Santo Agostinho

O crime esteve associado desde sempre diretamente à ideia do mal. Aqui vem de imediato a pergunta, que ganhou a posteriodade na voz de Santo Agostinho: "Quem me criou? Não foi o bom Deus, que não só é bom, mas é a própria bondade? De onde então me vem essa vontade de querer o mal e de não querer o bem? Seria talvez para que eu sofra as penas merecidas? Quem depositou em mim, e semeou em minha alma esta semente de amargura, sendo eu obra de meu dulcíssimo Deus? Se foi o demônio que me criou, de onde procede ele? E se este, de anjo bom se fez demônio, por decisão de sua vontade perversa, de onde veio essa vontade má que o transformou em diabo, tendo ele sido criado por um criador boníssimo?".[37]

Na versão agostiniana, o mal seria a ausência de Deus. A resposta para Agostinho estaria centrada no livre-arbítrio, que Deus concedeu a todos os seres humanos igualmente, que optam, por vezes, por praticar o mal. Segundo Agostinho, a ideia de justiça está ínsita à punição do mal:

> Se tua justiça desagrada aos maus, muito mais desagradam a víbora e ao caruncho, que criaste bons e adaptados à parte inferior de tua criação, com a qual também os maus se assemelham, tanto mais quanto mais

---

[35] ARISTÓTELES. *Ética a Nicômaco*. Tradução: Pietro Nasseti. São Paulo: Martin Claret, 2000. p. 110.
[36] *Ibidem*, p. 112.
[37] AGOSTINHO, Santo. *Confissões*. Tradução: Alex Marins. São Paulo: Martin Claret, 2006. p. 144.

diferem de ti, assim como os justos se assemelham à partes superiores do mundo na medida que se assemelham a ti.[38]

Esclareço que, para Agostinho de Hipona, o mal não possui substância, seja corpórea ou incorpórea. Para melhor entendimento, cito-o textualmente: "Procurei o que era maldade e não encontrei uma substância, mas sim uma perversão desviada da substância suprema(...)".[39]

Nesse rumo de ideias, invoco a sabedoria do próprio Santo Agostinho para explicar o livre arbítrio: "Portanto, quando razão, mente ou espírito governam os movimentos irracionais da alma, então, e somente assim, é quando se pode dizer que domina no homem o que deve dominar, e domina em virtude daquela lei que dizemos que é a lei eterna".[40]

Entretanto, não ignoro que autores como Arthur Schopenhauer neguem esse ponto de partida agostiniano ao afirmar que: "a liberdade de vontade é uma ilusão; somos guiados por forças que não controlamos". Aprofundando o pensamento de Schopenhauer, em nítida rota de colisão com a teoria do livre-arbítrio, ensina o autor que a vontade não é consciente, ela age na maior parte de maneira instintiva e inconsciente, por via das atividades de conservação, de crescimento e de reprodução. Estamos sempre "querendo", mesmo que não tenhamos consciência. Em suma, estamos "querendo" constantemente, porém nem sempre conhecendo conscientemente o objeto da nossa vontade. Ou seja, somos livres para querer, mas não temos liberdade para escolher o queremos. Ou na linguagem poética de Caetano Veloso, resumida na canção "Quereres": "E eu querendo querer-te sem ter fim. E, querendo-te, aprender o total do querer. Que há do que não há em mim".

Contudo, registro que existem pensamentos no aspecto criminológico em sentido contrário, tal como escreve Adrian Raine:

> Quão livre é o livre-arbítrio? Temos visto até agora uma miríade de fatores biológicos, genéticos e cerebrais, os quais, em conjunto, conspiram para criar a violência e a criminalidade. Alguns deles ocorrem antes mesmo de a criança nascer. Um bebê não pediu para sofrer complicações no parto, para nascer com a amígdala encolhida ou para ter o gene para

---

[38] *Ibidem*, p. 158.
[39] *Ibidem*, p. 142.
[40] AGOSTINHO, Santo. *Sobre o livre-arbítrio*. Tradução: Everton Toresmim. Campinas: Ecclesiae, 2019. p. 39.

baixos níveis de MAOA. Então, se esses fatores predispõem alguns bebês inocentes a uma vida de crime, realmente podemos responsabilizá-los por aquilo que acabam fazendo – não importa quão hediondo seja o crime? Será que eles têm livre-arbítrio no sentido estrito da expressão? Essa é a pergunta-chave que temos de responder.[41]

Entretanto, a resposta a essa mesma pergunta de Agostinho não ganha ares de religiosidade na análise de filósofos modernos. Passemos a análise das principais correntes que trataram do tema.

2.3 O crime e a ideia do contratualismo na modernidade e na pós-modernidade – formação do Estado e garantia dos direitos fundamentais

Na modernidade, o problema do mal ganha novos contornos. Feito o preâmbulo sob a ótica agostiniana, passemos ao pensamento de Jean Jacques Rousseau, um dos contratualistas mais consagrados, os outros dois são Hobbes e Locke. Na obra de Rousseau, o homem possui características *sui generis* que o identificam como ser humano, logrando qualidades inatas e imutáveis que preexistem à prática social humana, sendo que o conjunto de tais qualidades é o que ele cognomina de natureza humana.

Para Rousseau (1712-1778), existem qualidades inerentes à natureza humana, ganhando maior concretude quando se pensa que constitui a normalidade do comportamento humano a virtude, a bondade, a piedade e a liberdade. Entretanto, de acordo com certas circunstâncias, esse comportamento pode se desviar do caminho para o qual estava naturalmente destinado, vindo a praticar o mal ou o comportamento desviante. Os conflitos são gerados pela desigualdade social, como explica: "O primeiro homem que, tendo cercado um terreno, teve a ideia de dizer 'isto é meu' e encontrou pessoas suficientemente ingênuas para acreditá-lo, foi o verdadeiro fundador da sociedade civil".

Sob a ótica rousseauniana, a sociedade é indutora da prática do comportamento criminoso, servindo de inspiração para a criminologia socialista. Ele entende que a ganância e a corrupção moral criada pelas instituições sociais incentivam às pessoas a cometerem ilícitos. Somente

---

[41] RAINE, Adrian. *A Anatomia da violência*: As raízes biológicas da criminalidade. Tradução: Maiza Ritomy Ite. Porto Alegre: Artmed, 2015. p. 304.

uma reforma profunda da sociedade poderia tornar as instituições mais justas e com isso reduzir a criminalidade a níveis aceitáveis.

Adotando outro ponto de vista contratualista, temos a perspectiva de Thomas Hobbes (1588-1679), para quem o homem na sua liberdade natural, isto é, no seu estado de natureza, estaria no "estado de guerra". Para o mencionado autor, a natureza humana é explicada pela "má índole" de boa parte dos indivíduos, sendo o homem lobo do próprio homem, muito embora nem todos podem ser acusados de uma maldade intrínseca.

De acordo com o pensamento de Hobbes, os perversos são inferiores aos justos em número, porém, não há possibilidade de distingui-los, gerando a necessidade de suspeitar, de acautelar, de prevenir e defender o meio social, necessidade essa que afeta até mesmo a conduta dos mais honestos. Em palavras simples, o homem já nasce com predisposição para a prática do mal. Desta forma, Hobbes defende a necessidade de punições mais severas para dissuadir os homens da prática do crime, sendo este entendido como a transgressão das leis civis. Segundo ele, ao concordarem com o contrato social, os homens aceitam as leis e as punições impostas pelo soberano, e qualquer violação da regra é considerada como um ato criminoso. A função do soberano é manter a ordem e evitar o retorno ao caos do estado de natureza, seguindo a lógica dos movimentos criminológicos de lei e ordem.

Considerando que a criminologia é uma ciência baseada no empirismo, adota-se aqui uma posição intermediária, tal como a desenhou o empirista inglês John Locke, ao assegurar que o conhecimento é oriundo do empirismo, tal como o é a criminologia, concluindo daí que a natureza humana é como uma tábula rasa, sem qualquer ideia prévia, e que a forma de se comportar humana vai se construindo ao longo de toda uma vida.

John Locke (1632-1702) desenvolveu uma teoria contratualista numa visão oposta ao absolutismo trilhado por Thomas Hobbes e em defesa do liberalismo. De acordo com seu pensamento, o poder político deveria ser limitado e embasado no consentimento dos governados, com o objetivo de proteger os direitos fundamentais. Para Locke, o Estado de natureza é uma condição prévia para que os indivíduos convivam em liberdade e igualdade pela lei natural, sendo todos os direitos inalienáveis, como a vida, a liberdade e a propriedade, algo que lembra a redação do art. 5º da Constituição da República do Brasil.

Na vertente contratualista de Locke, os indivíduos consentem na constituição de uma sociedade civil, transferindo parte de seu poder a um governo para que ele proteja os direitos naturais, exercendo o governo à proteção da vida, da liberdade e da propriedade. Nesse rumo de ideias, a moralidade deriva de uma lei natural que é acessível à razão humana. Um crime seria uma transgressão dessa lei natural, o que acarreta na violação dos direitos das demais pessoas. O ato seria não apenas um problema social ou legal, mas uma infração moral, tendo como parâmetro a lei natural. Como diz Locke: "Onde não há leis, não há liberdade".

Com Locke é inaugurado o liberalismo, sendo a propriedade fruto do trabalho dos indivíduos, utilizando-se dos recursos da natureza. E o Estado de natureza não é um estado de guerra, mas de relativa paz e razão, existindo conflitos de forma pontuais. Tal pensamento é revolucionário e influenciou a Revolução Americana e a Revolução Francesa, servindo de inspiração para a formação de documentos, como a Declaração de Independência dos Estados Unidos e a Declaração dos Direitos do Homem e do Cidadão. Locke é defensor de uma democracia constitucional e do liberalismo político.

Embora Locke não trate diretamente do problema do mal, enxerga-o como algo relacionado diretamente às ações humanas que violam os direitos naturais dos indivíduos ou perturbam a ordem racional ou moral, numa perspectiva das consequências negativas das ações humanas, e não como algo metafísico como o "mal absoluto".

Para o escritor canadense Steven Pinker, que é professor da Universidade de Harvard, numa visão pós-moderna:

> Toda sociedade precisa operar com uma teoria da natureza humana, e nossa corrente intelectual dominante está comprometida com outra. Essa teoria raramente é enunciada ou abertamente defendida, mas está no cerne de numerosas crenças e políticas. Bertran Russel escreveu: Todo homem, aonde quer que vá está envolto por uma nuvem de convicções confortadoras, que se deslocam com ele como moscas em um dia de verão.' Para os intelectuais de hoje, muitas dessas convicções estão no campo da psicologia e das relações sociais. Chamarei essas convicções de tabula rasa: a ideia de que a mente humana não possui estrutura

inerente e de que a sociedade ou nós mesmos podemos escrever nela à vontade.[42]

O iluminismo, com sua ênfase na razão, na ciência e no progresso humano, continua guia poderoso para melhorar nossas vidas. O progresso é resultado da aplicação do pensamento racional nas mais diversas áreas. Não é diferente com relação à criminologia, uma vez que o pensamento racional deve sempre preponderar, e não podemos antecipar por cálculos atuarias o comportamento criminoso.

Precisamos de um verniz civilizatório, para não despertar a fúria do animal descontrolado que existe dentre de todos nós.[43] Esse verniz civilizatório é o que Freud denomina de ego, que deve domar a instância psíquica incontrolável que recebe o nome de superego, que funciona como um juiz severo do ego, fazendo com que o indivíduo adote o comportamento ideal e não o real, sob pena de subvertermos o cidadão normal no chamado "sem noção".

Olhando para a complexidade da vida, ela nunca é um retrato de como realmente ela é. Faz parte da vida a encenação social. Sempre é fruto do comportamento social a manipulação do que pode ser mostrado e o que não é conveniente ser mostrado. Portanto, a artificialidade das relações sociais, principalmente nos meios mais abastados, possui sempre uma camada de verniz mais acentuada do que nas camadas inferiores.

Esse caldo de maldade espalhado no mundo líquido é que nos ensina Bauman:

> O mal está à espera e à espreita nos incontáveis buracos negros de um espaço social profundamente desregulamento – em que a competição feroz e o estranhamento mútuo substituíram a cooperação e a solidariedade, enquanto a individualização forçada solapa o poder aglutinador dos vínculos inter-humanos.[44]

---

[42] PINKER, Steven. *Tabula rasa*. A negação contemporânea da natureza humana. Tradução: Laura Teixeira Mota. São Paulo: Companhia das Letras, 2004. p. 21.

[43] É o que Platão descreve como sendo o Mito do Cocheiro, em que o autor compara a alma humana a uma biga romana puxada por dois cavalos, sendo um claro e outro escuro. O cavalo claro é obediente e tem um comportamento fidedigno. Contudo, o cavalo escuro é desobediente e reacionário, o que provoca dificuldade para o cocheiro conduzir a biga.

[44] BAUMAN, Zugmunt; DONSKIS, Leonidas. *Mal líquido*. Vivendo num mundo sem alternativas. Tradução: Carlos Alberto Medeiros. Rio de Janeiro: Zahar, 2019. p. 49.

Uma lente da hipocrisia dos adultos se reflete no comportamento individual que inspira a prática do crime. Normaliza-se fingimentos, modos em que o suposto lugar superior de uma classe prepondera sobre outra. No fundo, as pessoas são muito parecidas, basta se proceder uma observação mais apurada do comportamento social. Daí que o comportamento social é de fundamental importância para se desvelar a política criminal adequada.

Em consonância com tudo isso, Freud afirma que as pessoas não admitem que possuem um instinto agressivo, embora esse instinto agressivo esteja presente em todas elas. Vejamos seu pensamento *ipsis litteris*:

> Por que nós mesmos necessitamos de tanto tempo para nos decidirmos a reconhecer um instinto de agressão, por que hesitamos em incorporar à teoria fatos que saltam aos olhos e são conhecidos de todos? Provavelmente encontraríamos pouca resistência se quiséssemos atribuir aos animais um instinto com essa meta. Mas admiti-lo na constituição humana parece uma blasfêmia; contraria muitos pressupostos religiosos e convenções sociais. Não, o ser humano tem de ser bom por natureza, ou bonachão, pelo menos. Se ocasionalmente ele se mostra violento, brutal, cruel, são apenas transtornos passageiros de sua vida emocional, na maioria das vezes provocados, talvez consequência dos regimes sociais inadequados que ele criou até agora.[45]

Registro aqui que o mundo não é um desafio porque pessoas más querem tornar nossas vidas um inferno, e, em função disso, devemos eliminá-las. Para dar sentido a nossa vida, não precisamos retornar ao nosso passado glorioso, em que as punições cruéis eram consideradas as justas. Para a alma humana, o rechaço é mais fácil que o endosso, da mesma forma que o comportamento desviante ou criminoso pode ser praticado com uma facilidade muito maior do que possa pensar a nossa vã imaginação. "Vaidade das vaidades, tudo é vaidade!" (Eclesiastes, capítulo 1, versículo 2, da Bíblia Sagrada).

O que se constata com o mal-estar da civilização freudiano que a repressão ao desejo, agora se reflete no excesso de liberdade, em que o homem perde o rumo da história da pós-modernidade, como nos conta Bauman:

"A democracia não era o único desafio que a ascensão da modernidade lançava aos habituais meios humanos de enfrentar o sonho da

---

[45] *Ibidem*, p. 181.

imortalidade. O humanismo moderno era outro. Como resumiu John Carroll em sua recente avaliação do legado humanista, 'ele tentou substituir Deus pelo homem, colocar o homem no centro do universo, diviniza-lo. Sua ambição era instituir uma ordem humana na terra (...) – uma ordem inteiramente humana.' o novo ponto de Arquimedes sobre o qual a Terra, e com ela o universo, giraria, devia ser a vontade humana, auxiliada e apoiada pela razão humana. Como se verificou, porém, 'a vontade humanista atrofiou-se até o nada.' de modo que o altivo e arrogante 'eu sou' degenerou naquele de um inválido crônico que acompanha a vida da Janela do hospital'. Como isso sucedeu?".[46]

Destarte, o grande desafio a ser enfrentado na civilização é como lidar com esta liberdade com estrita responsabilidade, ou então seguir a máxima anunciada por Albert Camus: "O único modo de lidar com um mundo sem liberdade é tornar-se tão absolutamente livre que a sua própria existência seja um ato de rebeldia".

2.4 Teoria Biológica

Para não deixar de mencionar a corrente tradicional, numa concepção biológica, o caráter atávico do criminoso é algo que desperta a curiosidade da humanidade desde sempre. A ideia de criminoso nato é um mistério que encanta e alimenta a alma humana.

É conhecida como teoria da Biologia Criminal, mediante a qual os móveis principais dos desvios de conduta encontram-se na estrutura hereditária, física e mental do indivíduo. Um dos personagens mais conhecidos da criminologia é justamente Lombroso, que analisava os cérebros dos criminosos nos hospitais da Itália.

No Brasil, com o advento do Pacote Anticrime – Lei nº 13.964/2019, foi acrescentado o art. 9º-A a Lei de Execução Penal, para o condenado por crime doloso praticado com violência grave contra a pessoa, bem como por crime contra a vida, contra a liberdade sexual ou por crime sexual contra vulnerável, será submetido, em caráter obrigatório, a identificação do perfil genético, mediante extração do DNA, por técnica adequada e indolor, por ocasião do ingresso no estabelecimento prisional. Essa inovação padece de um aparente vício de inconstitucionalidade,

---

[46] BAUMAN, Zugmunt. *O mal-estar da pós-modernidade*. Tradução: Mauro Gama e Cláudia Martinelli Gama. Rio de Janeiro: Zahar, 1998. p. 193-194.

bem como é uma nítida forma de adesão à teoria biológica, justificada pelo caráter etiológico do crime.

2.5 Teoria Psicogenética

Analisando o fenômeno pela corrente psicogenética, o crime é explicado a partir de interações das diferentes características psicológicas de uma pessoa, levando-se em consideração as condições sociais e ambientais em que vive. Dessa maneira, uma avaliação de ordem biopsicossocial do criminoso serve para se realizar um mapeamento das razões que levaram o criminoso ao cometimento do crime, observando-se o perfil psicológico do autor, bem como as características da personalidade do investigado e analisando possíveis distúrbios mentais. Essa corrente fundamenta a política criminal atuarial, que é muito utilizada no combate ao crime nos Estados Unidos, ou mesmo no Brasil, para se avaliar se o condenado pode regredir de forma descontínua ao Regime Diferenciado Disciplinar – RDD, de acordo com o art. 52 da Lei nº 7.210/1984.

É como ensina Jonahtan Haidt, doutor em psicologia social pela Universidade da Pensilvânia: "A mente é dividida em partes, como um ginete (processos controlados) em um elefante (processos automáticos). O ginete evolui para servir ao elefante. Você pode ver o ginete servindo ao elefante quando as pessoas estão moralmente estupefatas. Elas têm fortes pressentimentos sobre o que é certo e errado, e lutam para conseguir justificativas *post hoc* para esses sentimentos. Mesmo quando o servo (raciocínio) volta de mãos vazias, o mestre (intuição) não muda seu julgamento".[47]

2.6 Teoria Sociológica

Essa corrente é inspirada na Escola Positiva, que tem Enrico Ferri como seu principal expoente. Para Frederico de Oliveira, a teoria sociológica: "Entende que as pressões e as influências do ambiente social geram o comportamento do delinquente. São também conhecidas as

---

[47] HAIDT, Jonathan. *A mente moralista*. Porque pessoas boas são segregadas por política e religião. Rio de Janeiro: Alta Cult, 2020. p. 53.

teorias da associação diferencial, a da identificação diferencial e a dos contensores".[48]

A Teoria da Associação Diferencial é embasada no fato de o crime ser resultado de um aprendizado. Aprende-se a ser criminoso como se aprende a ser sapateiro, e, como disse Aristóteles, aprende-se a ser justo praticando a justiça, como se aprende a tocar cítara tocando cítara.

Essa teoria foi forjada por Edwin Sutherland, para quem o delito não é apenas uma inadaptação de pessoas que constituem as classes menos abastadas, uma vez que as condutas delitivas não são praticadas exclusivamente por componentes desse grupamento social. Sustenta que o comportamento das pessoas possui uma gênese calcada na origem social, e o ser humano, ao tomar contato com a conduta desviada, acaba introjectando a conduta ao seu comportamento, associando-se a ela.

Outrossim, a Teoria da Identificação Diferencial perfilha a abordagem de que o criminoso acaba absorvendo os modelos de comportamento dos grupos de referência com os quais se identifica. Essa identificação não decorre de forma necessária da aproximação entre as pessoas do grupo eleito, podendo se constatar mesmo à distância.[49]

Por fim, tem-se a Teoria dos Contensores (*reckless*), segundo a qual existem contensores externos e internos nos indivíduos. Os contensores internos são provenientes do comportamento do ego, por exemplo, autocontrole, bom conceito de si mesmo, força do ego, superego bem-desenvolvido, alta tolerância às frustrações, forte resistência aos estímulos perturbadores, profundo senso de responsabilidade, orientação para fins precisos, habilidade para encontrar satisfações substitutivas e racionalizações que reduzem a tensão.

Lado outro, temos os contensores externos, que se constituem através do freio estrutural que, atuando imediatamente no contexto social do indivíduo, controla o comportamento, de modo a não condução ultrapassar a barreira do limite normativo. São elementos dos Contensores Externos: representar o indivíduo uma linha coerente de conduta moral; um reforçamento institucional das normas; os fins e expectativas sociais; a vigilância e disciplina eficazes (controles sociais); acervo de razoáveis perspectivas de ação (inclusive limites de

---

[48] OLIVEIRA, Frederico Abrahão de. *Manual de criminologia*. 2. ed. Porto Alegre: Sagra-DC Luzzatto, 1996. p. 47.
[49] *Ibidem*, p. 48.

responsabilidade); saídas alternativas; oportunidades de consenso; e identidade e sentimento de pertencimento ao grupo.

São o reverso de uma mesma moeda os contensores internos e externos, exercendo influência quase nula nas defesas acima listadas.

Diante de todo o exposto, concordo com o posicionamento de Frederico Oliveira: "É sabido que o crime não tem causas mas sim fatores eis que é fenômeno social inexplicável pelas leis de causalidade. O crime é a resultante de uma soma de fatores, sendo, portanto, uma estrutura complexa e jamais o produto de uma única causa".[50]

---

[50] *Ibidem*, p. 49.

POLÍTICA CRIMINAL

"No Estado Democrático de Direito Social, a política criminal deve preservar as garantias individuais, com destaque ao princípio da legalidade dos delitos e das penas, bem como estimular a visão pluralista da sociedade, reconhecendo os diferentes subsistemas valorativos, para promover repressão estritamente vinculada a necessidade da intervenção estatal para evitar novos conflitos".
Juan Bustos Ramírez.

3.1 Introdução

O Direito, enquanto instrumento de controle social, visa realizar finalidades práticas e mostra-se variável de acordo com a conveniência da política social adotada pelo Estado.

A dinâmica social faz com que o exercício do poder seja considerado benéfico ou maléfico, de acordo com o contexto histórico e segundo os diversos pontos de vista a partir dos quais esse contexto é considerado.

Importa notar que toda opção política faz nascer um discurso institucional de justificação, que pretende harmonizar os mecanismos de proteção aos valores tidos como mais importantes, e, ainda, um contradiscurso que exerce a crítica desses valores e denuncia a ilegitimidade do exercício do poder. O ordenamento jurídico resulta do esforço protetivo ao sistema de valores que conseguiu se impor no contexto social em dado momento histórico.

O poder político não mais se fundamenta na força física, mas na manipulação ideológica-simbólica, na organização do consentimento que proporciona aceitação da dominação. O Estado detém o monopólio da repressão física organizada e busca sua legitimação ao apresentá-lo como decorrência do interesse geral do povo. Dessa forma, por meio da institucionalização, o poder se estabiliza nas sociedades hodiernas e o Direito, como seu terminal normativo, solidifica-o.

O processo de eleição das condutas criminosas não pode olvidar as noções do que seja conduta lesiva ou potencialmente lesiva aos bens que, juridicamente, almeja-se proteger, principalmente quando estão listados no texto constitucional.

Na eleição dos bens a serem juridicamente tutelados pelo direito penal, ocorre, de maneira mais significativa, a influência da ideologia dominante, na imposição de seus valores sociais.

A eleição de uma conduta como criminosa, necessariamente, deve orientar-se pela finalidade protetiva do bem jurídico tutelado.

A gênese da norma jurídica, necessariamente, traz embutido o resultado de uma tomada de posição diante do fato social. Assim, a consideração do que seja socialmente inadequado dependerá do ponto de vista daqueles que detêm o poder de imposição (eleição da conduta proibida), já que os juízos de valor implicam sempre a apreciação subjetiva, ou seja, a participação da consciência de quem o valora.

A criminalidade e o delito não fazem parte de uma realidade natural, mas sim de construção jurídico-social que depende dos juízos valorativos que produzem a qualidade de criminosa na conduta a qual se aplicam.

Uma preclara definição de crime mostra-se dependente dos interesses, das crenças e da cultura dos líderes de uma sociedade, que desfrutam de uma posição predominante na determinação do que seja um comportamento inadequado. Trocando em miúdos, das ideologias dominantes numa determinada época, não se restringindo na eleição dos bens protegidos pela norma, mas na escolha das estratégias ao combate das condutas que violam a ordem jurídica.

3.2 Conceito

Política criminal é o estudo sistemático dos meios ou remédios mais adequados para o controle da criminalidade, valendo-se dos resultados que proporciona a criminologia, inclusive, através da análise e crítica do sistema punitivo vigente.

Frederico Marques ressaltou na política criminal seu aspecto de crítica às instituições vigentes, bem como o preparo de sua reforma, de acordo com os ideais jurídicos que se formam pelas modificações do ambiente histórico-cultural.

Sorvendo das lições de Nilo Batista:

> Do incessante processo de mudança social, dos resultados que apresentem novas ou antigas proposta do direito penal, das revelações empíricas propiciadas pelo desempenho das instituições que integram o sistema penal, dos avanços e descobertas da criminologia, surgem princípios e recomendações para a reforma ou a transformação da legislação penal e dos órgãos encarregados de sua aplicação. A esse conjunto de princípios e recomendações denomina-se política criminal.[51]

A indagação sobre o que fazer com as pessoas que violam regras de convivência social está no centro das preocupações da política criminal, do mesmo a dificuldade prática da realização das medidas eleitas.

Além de impulsionar o combate à criminalidade, a política criminal representa uma investigação, sempre inacabada, sobre como realizar esse combate. Assim, ao estabelecer metas, não pode repousar em agradáveis formulações teóricas, mas, antes, na possibilidade real de materializar suas opções.

Invoco, por todos, o magistério de Fernando Galvão, quando assevera que: "A política criminal é o conjunto de princípios e recomendações que orientam as ações da justiça criminal, seja no momento da elaboração legislativa ou da aplicação e execução da disposição normativa".[52]

No que tange às estratégias de concretização prática da justiça criminal, a política criminal, sem laivos de dúvida, exerce influência na escolha e no desenvolvimento de procedimentos indispensáveis à investigação, processo e julgamento dos comportamentos delitivos de uma forma geral.

A política criminal utiliza as ferramentas fornecidas pela criminologia sobre a realidade social e o funcionamento da justiça criminal para eleger suas estratégias de atuação. A criminologia, ciência empírica que estuda o crime como fenômeno social, assegura que as decisões tomadas no âmbito da política criminal estão cercadas de uma base científica empírica, e não é fruto do arbítrio puro e simples.

---

[51] BATISTA, Nilo. *Introdução crítica ao direito penal brasileiro*. 8. ed. Rio de Janeiro: Revan, 2002. p. 34.
[52] GALVÃO, Fernando. *Política Criminal*. 2. ed. Belo Horizonte: Mandamentos, 2002. p. 23.

Com muita propriedade esclarece o penalista Asúa: "Na realidade, a política criminal é um conjunto de princípios fundados na investigação científica do delito e da eficácia da pena, por meio dos quais se combate o crime, valendo-se, não só do meios penais, senão também dos de caráter assegurativos".[53]

3.3 Direito Penal e política criminal

A ligação é direta, sendo que o direito penal encontra-se na norma e a política criminal no âmbito do valor ou do desvalor das condutas. É como procede de forma meticulosa Claus Roxin:

> Direito penal e política criminal: se se seguir o que demonstrei, não se trata de opostos, como são apresentados pela tradição de nossa ciência. O direito penal é muito mais a forma, através da qual as finalidades político-criminais podem ser transferidas para o modo de vigência jurídica. Se a teoria do delito for construída nesse sentido, teleologicamente, cairão por terra todas as críticas que se dirigem contra a dogmática abstrato-conceitual, herdadas dos tempos positivistas. Um divórcio entre construção dogmática e acertos político-criminais é de plano impossível, e também o tão querido procedimento de jogar o trabalho dogmático-penal e o criminológico um contra o outro perde o seu sentido: pois transformar conhecimento criminológicos em exigências político-criminais, e estas em regras jurídicas, da *lex lata* ou *ferenda*, é processo, em cada uma de suas etapas, necessário e importante para a obtenção do socialmente correto.[54]

Sempre existiu uma conexão direta entre direito penal, política criminal e religião, política enquanto modo de organizar a violência na sociedade, para fazer com que ela opere. É como explica Oakeshott: "Na política de fé, governar representa o controle minucioso e abrangente de todas as atividades. A função do governo é reconhecida por meio da imposição e da manutenção de uma condição das circunstâncias humanas em que todas as atividades são realizadas para se conformar a um único padrão ou são estipuladas em uma única direção: aqueles que não se conformarem serão devidamente eliminados. A direção imposta pode revelar-se como uma consideração racional das direções

---

[53] ASÚA, Luis Jiménez. *Principios de derecho penal*. La Ley y el Delito. Buenos Aires: Abeledo-Perrot, 1958. p. 62.

[54] ROXIN, Claus. *Política criminal e sistema jurídico-penal*. Tradução: Luís Greco. Rio de Janeiro: Renovar, 2000. p. 82.

correntes das atividades, sendo selecionada, talvez, porque parece já ser dominante".[55]

3.4 Política criminal e criminologia

As investigações da criminologia pareciam fornecer bases científicas seguras para o combate à criminalidade, colocando em primeiro plano a personalidade criminal. As estatísticas obtidas pelo exame das massas encarceradas, durante muito tempo, identificaram as causas da criminalidade na pobreza e na ausência de mérito pessoal, servindo para tranquilizar os espíritos e justificar as ações repressivas do Estado.

Contudo, na década de 1960, a criminologia crítica promoveu verdadeira revolução que alterou significativamente o paradigma etiológico-determinista estabelecido pela criminologia tradicional. Deixou de ser importante indagar sobre os motivos pelos quais o indivíduo comete crimes e passaram a constituir objetos de preocupações os critérios de seleção da conduta proibida, as consequências do tratamento penal, bem como a fonte de sua legitimidade.

Como nos ensina Jorge de Figueiredo Dias:

> O referido alargamento do campo da criminologia, superando a ideia duma criminologia puramente explicativa, no sentido duma perspectiva crítica, veio também a romper o equilíbrio que se julgava possível entre a criminologia e a política criminal e que assentava em dois postulados: 1º – Tanto a criminologia quanto a política criminal operavam no interior do espaço pelo direito criminal: a primeira investigando as causas do cometimento do crime (legalmente definido), a segunda curando de melhorar e racionalizar as estratégias de prevenção e repressão do crime; 2º – A criminologia seria uma ciência axiologicamente neutra e, em especial, asséptica a qualquer valoração política. A sua relevância política seria, quando muito, passiva e heterônoma, isto é, que lhe fosse conferida pela própria política criminal.[56]

O novo modelo de abordagem não é estático, mas sim dinâmico e contínuo, e reconhece o pluralismo e o aceita. Por isso, a criminologia não pode mais oferecer caminhos rígidos para a análise do fenômeno

---

[55] OAKESHOTT, Michael. *A política da fé e a política do ceticismo.* Tradução: Daniel Lena Marchiori Neto. São Paulo: É Realizações, 2018. p. 148.
[56] ANDRADE, Manuel da Costa; DIAS, Jorge de Figueiredo. *Criminologia.* O homem delinquente e a sociedade criminosa. Coimbra: Coimbra, 1997. p. 104-105.

criminal, apenas perspectivas de aproximação entre teoria e a realidade social.

Se a criminologia vincula-se à política criminal fornecendo os dados empíricos que permitem tomar decisões com maior conhecimento da realidade, essa realidade descreve contínuo movimento. A política criminal deve acompanhar o evoluir da dinâmica social, promovendo incessante revisão de seus postulados e estratégias. Com base nas formulações fornecidas pela criminologia, cabe à política criminal decidir sobre os limites da intervenção imposta pelo Direito Penal, conformando a dogmática jurídico-penal, bem como os instrumentos a serem utilizados pelo direito processual penal.

Dentro desse prisma, a definição do que é considerado crime numa sociedade é visto como um problema eminentemente político.

3.5 Política criminal alternativa

A política criminal, como parte da política em geral, constitui a sistematização das estratégias, táticas e meios de controle social da criminalidade, penais e não penais; diz respeito, enfim, à gestão política dos conflitos humanos por parte do Estado; gestão que compete não só ao legislador e autoridades administrativas, mas a todos aqueles que de algum modo lidam com o direito penal, especialmente juízes, membros do MP e policiais.

O sistema penal (material e processual) não pode ser objeto de uma análise estritamente jurídica, sob pena de ser minimalista, até porque ele não está num compartimento estanque, imune aos movimentos sociais, políticos e econômicos. A violência é um fato complexo, que decorre de fatores biopsicossociais.

Nesta perspectiva, coadunamos com o pensamento de Alessandro Baratta:

> Construir uma teoria materialista (econômica-política) do desvio, *dos comportamentos socialmente negativos* e da criminalização, e elaborar as linhas de uma política criminal alternativa, de uma políticas das classes subalternas no setor do desvio: estas são as principais tarefas que incumbem aos representantes da criminologia crítica, que partem de um enfoque materialista e que estão convencidos de que só uma análise radical dos mecanismos e das funções reais do sistema penal, na sociedade tardo-capitalista, pode permitir uma estratégia autônoma e alternativa no setor do controle social do desvio, ou seja, 'uma política

criminal' das classes atualmente subordinadas. Somente partindo do ponto de vista do interesse dessas últimas consideramos ser possível perseguir as finalidades aqui indicadas.[57]

3.6 Direito Penal mínimo

O Direito Penal mínimo é uma técnica de tutela dos direitos fundamentais e configura *proteção do débil contra o mais forte*; tanto do débil ofendido ou ameaçado pelo delito, como também do débil ofendido ou ameaçado pela vingança; contra o mais forte, que no delito é o delinquente, e na vingança é a parte ofendida ou os sujeitos públicos ou privados solidários com ele. A proteção vem por meio do monopólio estatal da pena e da necessidade de prévio processo judicial para sua aplicação, e da existência, no processo, de uma série de instrumentos e limites, destinados a evitar os abusos por parte do Estado na tarefa de perseguir e punir.[58]

A discricionariedade judicial deve ser sempre dirigida não a estender, mas a reduzir a intervenção penal, enquanto não motivada por argumentos cognoscitivos seguros. O ônus da prova a cargo da acusação; o princípio *in dubio pro reo*; absolvição em caso de incerteza sobre a verdade fática; analogia *in bonam partem*.

O modelo de direito penal máximo caracteriza-se pela excessiva severidade, pela incerteza, pela imprevisibilidade das condenações e das penas e por configurar um sistema não sustentável racionalmente, pela ausência de parâmetros certos e racionais.

As teorias deslegitimadoras, representadas, basicamente, pelo abolicionismo penal (Hulsman e outros) e pelo minimalismo penal – Baratta, Zaffaron, dentre outros –, têm em comum o fato de insurgirem contra a existência mesma do direito penal.

Recusam legitimidade ao Estado para exercer o poder punitivo, ressaltando principalmente a disparidade entre o discurso e a prática penais, bem como a circunstância de o direito penal criar mais problemas do que resolve, sendo criminógeno, arbitrariamente seletivo e causador de sofrimentos inúteis. É o olhar apurado de Zaffaroni que denuncia:

---

[57] BARATTA, Alessandro. *Criminologia Crítica e Crítica do Direito Penal*: Introdução à Sociologia do Direito Penal. Tradução: Juarez Cirino dos Santos. 3. ed. Rio de Janeiro: Revan, 2002. p. 197.
[58] FERRAJOLI, Luigi. *Derechos y garantías*. La ley del más débil. 4. ed. Tradução: Andrés Ibáñez y Andrea Greppi. Madrid, 2004. p. 26-27.

A deslegitimação teórica central não se produziu por efeitos de teorias marxistas – como pretendem aqueles que desejam ignorá-las em nossa área ou pelos partidários da "segurança nacional" –, mas a deslegitimação *irreversível* operou-se com as pesquisas interacionistas e fenomenológicas, como o reconhecem e sublinham os autores que se perfilham entre as diversas correntes marxistas com fundamentação teórica séria.[59]

E, conclui seu pensamento:

Em síntese, as contribuições teóricas deslegitimantes mais significativas para a desqualificação do discurso jurídico-penal em nossa área foram a criminologia da reação social em suas vertentes interacionistas, fenomenológicas, marxistas dos autores que trabalharam teoricamente a partir do reconhecimento da eficácia deslegitimante das anteriores, as de Foucault quanto à "microfísica" do poder e, mais recentemente, as contribuições da criminologia da economia dependente.[60]

O direito penal, a pretexto de cumprir finalidades declaradas, de proteção de bens jurídicos, prevenção geral e especial etc., jamais comprovadas ou passíveis de comprovação, em verdade cumpriria funções latentes, não declaradas, que o deslegitimam, autorizam a sua abolição.

Partidários do modelo de direito penal mínimo, Zaffaroni e Baratta, o sistema penal só deve atuar em reduzidíssimo número de casos e a imensa maioria de crimes impunes não generaliza vinganças ilimitadas.

Para Zaffaroni, o direito penal deve servir à programação da minimização da violência e da arbitrariedade do sistema penal: as agências judiciais, como objetivo imediato, devem proceder conforme um discurso que trace os limites máximos da irracionalidade tolerável na seleção criminalizante do sistema penal. Forjou a teoria agnóstica da pena como deslegitimadora da própria pena, sob o argumento de que não qualquer fundamento racional que legitime a pena, sendo apenas um ato de violência, ainda que institucionalizada.

Atualmente, o Garantismo tem em Luigi Ferrajoli seu principal representante, e, na obra Direito e Razão, assevera:

---

[59] ZAFFARONI, Eugenio Raúl. *Em busca das penas perdidas*: A perda da legitimidade do sistema penal. Tradução: Vânia Romano Pedrosa e Amir Lopes da Conceição. Rio de Janeiro: Revan, 1991. p. 67.
[60] *Ibidem*, p. 68-69.

"Garantismo", com efeito significa precisamente a tutela daqueles valores ou direitos fundamentais, cuja satisfação, mesmo contra os interesses da maioria, constitui o objetivo justificante do direito penal, vale dizer, a imunidade dos cidadãos contra a arbitrariedade das proibições e das punições, a defesa dos fracos mediante regras do jogo iguais para todos, a dignidade da pessoa do imputado, e, consequentemente, a garantia da sua liberdade, inclusive por meio do respeito à verdade. É precisamente a garantia desses direitos fundamentais que torna aceitável por todos, inclusive pela minoria formada pelos réus e pelos imputados, o direito penal e o próprio princípio majoritário.[61]

Ensina-nos Ferrajoli que: "O aspecto formal do direito está no procedimento prévio existente, que funciona como pressuposto de legitimidade do surgimento de uma nova norma estatal. Ou seja, uma norma só será válida e legítima se for composta de acordo com os procedimentos formais traçados previamente pelo ordenamento jurídico".

O Garantismo Penal é a base delineadora da evolução das normas penais, amparados pela intervenção mínima e tendo como alicerces os direitos fundamentais e os princípios constitucionais, assegurando assim a estabilidade jurídico-social.

Com rigorosa clareza, explica Salo de Carvalho:

No aspecto penal e político-criminal, embora o garantismo projete modelo minimalista de contração dos tipos incriminadores através dos processos legais de descriminalização ou do rigoroso controle de constitucionalidade concreto e difuso (descriminalização judicial), ao redesenhar teoria justificacionista da pena acaba por legitimar variadas formas de intervenção punitivas.[62]

O Direito Penal, dentre os vários instrumentos de controle social formal ou "remédios jurídicos" que o Estado dispõe, é o melhor caminho para se fazer a tutela dos bens da vida necessários para a segurança e a tranquilidade da sociedade, embora de forma contundente e ameaçadora. O Direito Penal ainda exerce um papel relevante de controle social, porém, como *ultima ratio*, destacando-se, assim, a importância da valoração na sua construção e na sua aplicação.

---

[61] FERRAJOLI, Luigi. *Direito e Razão*. Teoria do garantismo penal. Tradução: Luiz Flávio Gomes, Juarez Tavares *et al*. São Paulo: Revista dos Tribunais, 2002. p. 271.
[62] CARVALHO, Salo de. *Antimanual de Criminologia*. 3. ed. Rio de Janeiro: Lumen Juris, 2010. p. 130.

O fim do Direito Penal é a proteção social e este não deve ser usado como instrumento simbólico ou promocional da política estatal em detrimento de bens jurídicos relevantes. O sistema penal é o método de controle estatal mais incisivo na vida dos indivíduos e deve ser utilizado em situações extremas em que a intervenção do Estado por outros meios se torne insuficiente para reparar o dano e garantir a harmonia da sociedade.

3.7 Criminalidade legal

É aquele colhida pelo banco de dados das instituições oficiais que combatem o crime utilizando as estatísticas oficiais.

3.8 Cifras ocultas da criminalidade

Representa a diferença entre a criminalidade real e a criminalidade real dos órgãos de controle da criminalidade. Nem sempre é fácil conferir valor a essa cifra oculta.

A criminalidade oculta relaciona-se, em especial, com outras modalidades de criminalidade:

a) Cifras "negras" da criminalidade tradicional: conhecida por outras terminologias como cifra ou zona escura ou *ciffre noir*, dimensiona precisamente a diferença entre os números reais da criminalidade no dia a dia da sociedade, e os dados catalogados nos bancos de registro de ocorrência criminais nos órgãos públicos responsáveis pela repressão do delito;

b) Cifras douradas ou criminalidade econômica: cifra oculta envolvendo criminalidade econômica são conhecidas como cifras douradas. São infrações penais cometidas pelas pessoas da elite, como o crime de lavagem de dinheiro, sonegação fiscal, falências fraudulentas, crimes eleitorais e ambientais. São também conhecidos por "crimes do colarinho branco", tendo por precursor o americano Edwin Sutherland;

c) Cifras cinzas: são resultados daquelas ocorrências que até são registradas, porém, não se chega ao processo ou ação penal ou por serem solucionadas na própria delegacia de polícia, seja por existir a possibilidade de conciliação das partes, evitando uma futura denúncia, processo ou condenação, ou até mesmo por desistência da própria vítima em função de não querer mais fazer a representação do Boletim de Ocorrência (BO), que acabam não chegando aos tribunais;

d) Cifras amarelas: uma série de crimes ocorrem todos os dias praticados por servidores públicos, mediante violência ou ameaça, crimes praticados com abuso de poder, por motivo de medo, receio, retaliação ou desídia da vítima, que não são levados ao conhecimento das autoridades responsáveis pela repressão do crime (Polícia Civil ou Federal e Ministério Público), colaborando para uma visão distorcida do fenômeno criminal, e interfere diretamente na tomada de decisões da política criminal;

e) Cifras verdes: crimes que não chegam ao conhecimento dos órgãos responsáveis pela repressão criminal e que a vítima diretamente desses crimes é o meio ambiente. Exemplo: maus-tratos a animais silvestres;

f) Cifras rosas: crimes que não chegam ao conhecimento da Autoridade Policial e que envolve a violência contra a mulher por razões da condição de sexo feminino;

g) Cifras arco-íris: crimes que não são dados a conhecimento da Autoridade Policial e que envolvem a violência contra a população LGBTQI+;

h) Cifras brancas: também conhecidas como "cifras utópicas", como todo o sistema social funciona perfeitamente, não alimenta a esperança de impunidade no espírito do criminoso. É chamada de utópica porque uma sociedade sem crime é apenas um desejo onírico.

De acordo com Sumariva, os destaques da cifra negra são: a) a criminalidade real é muito maior que aquela registrada oficialmente; b) no âmbito da criminalidade menos grave, a cifra negra é maior que no âmbito da criminalidade mais grave; c) a magnitude da cifra negra varia consideravelmente segundo o tipo de delito; d) na delinquência juvenil ocorre a maior porcentagem de crimes com a menor quantidade de pena; e) a possibilidade de ser enquadrado na cifra negra depende da classe social a que pertence o delinquente.[63]

3.9 Direito Penal do inimigo

Teoria elaborada por Günther Jacobs, responsável pela criação do funcionalismo penal, atribuindo considerável valor à norma como forma de proteção social. É, em última análise, a perda de vários direitos da pessoa por não se enquadrar no conceito de cidadão.

---

[63] SUMARIVA, Paulo. *Criminologia*: Teoria e Prática. 6. ed. Nitério: Impetus, 2019. p. 166.

Seguindo as diretrizes desse pensamento, são perdidas várias garantias processuais como a ampla defesa, o duplo grau de jurisdição, sendo possível a aplicação de técnicas de tortura para a obtenção da condenação ou anteceder atos terroristas.

Citando textualmente o próprio Jakobs, entende-se melhor seu ponto de vista:

> O Estado pode proceder de dois modos com os delinquentes: pode vê-los como pessoas que delinquem, pessoas que tenham cometido um erro, ou indivíduos que devem ser impedidos de destruir o ordenamento jurídico, mediante coação. Ambas as perspectivas têm, em determinados âmbitos, seu lugar legítimo, o que significa, ao mesmo tempo, que também possam ser usadas em um lugar equivocado... Em princípio, nem todo delinquente é um adversário do ordenamento jurídico. Por isso, a introdução de um cúmulo – praticamente já inalcançável – de linhas e fragmentos de Direito Penal do inimigo no Direito penal geral é um mal, desde a perspectiva do Estado de Direito.[64]

Resumindo: existe um direito penal para o cidadão, embasado na contradição de sua conduta com a lei, e o direito penal do inimigo que é a eliminação de um perigo, como nos casos do cometimento de delito do crime de terrorismo ou crimes de guerra.

3.10 Política criminal atuarial

Nos Estados Unidos, a política criminal atuarial começou a ganhar força na virada do século XX para o século XXI. É conhecida como atuarial, pois se utiliza dos métodos das ciências atuariais, que são ciências exatas, a exemplo da matemática, da probabilidade e da estatística.

A política criminal atuarial rompe com o paradigma etiológico do crime, ou seja, para ela não existe criminogênese – não existem causas do crime, porque o crime sempre existirá em sociedade. Nem se preocupa com a ressocialização, mas sim com a categorização dos infratores.

Parte-se da seguinte premissa: o crime existe e o que devemos fazer é proteger a sociedade do indivíduo criminoso. Em função disso, elabora-se uma classificação do crime, de acordo com o seu perfil de risco.

---

[64] JAKOBS, Günther; MELIÁ, Manuel Cancio. *Direito Penal do Inimigo*: Noções e Críticas. Tradução: André Luís Callegari e Nereu José Giacomolli. Porto Alegre: Livraria do Advogado, 2005. p. 42-43.

Haverá mais ou menos rigor na aplicação da pena, a partir do perfil do criminoso. Os critérios são totalmente objetivos, não deixando margem para a discricionariedade. A classificação do criminoso é de acordo com o histórico das condutas dos indivíduos. Inclusive, tudo será examinado pelo perfil criminoso constante no banco de dados dos institutos responsáveis pela repressão criminal. O indivíduo será afastado da sociedade de acordo com o perfil criminoso que possui.

Constata-se, com a utilização dos dados colhidos, a *probabilidade* para a prevenção criminal, dentro de um juízo de probabilidade no cometimento de futuros crimes em comparação com suas características individuais e sociais abstratas (perfis de risco – *risk profile*). A ideia é evitar a ocorrência de novos delitos.

Dentro dessa categorização, divide-se os perfis em: a) ofensores de alto risco (traficantes de armas, de drogas e de pessoas; os abusadores sexuais; os reincidentes; e os assassinos em série); b) ofensores de baixo risco (estelionatários; pequenos furtos; que praticam crimes contra a honra; ocasionais e com pouca ou sem violência ou grave ameaça).

Para os ofensores de alto risco, o processo tramitará de maneira mais célere, e a pena deve ser prisão, geralmente, por um longo período. A finalidade é afastar esse indivíduo perigoso do convívio social, evitando que ele pratique novos delitos e que produza novas vítimas, os riscos de novos crimes são diminuídos, de acordo com seu grau de periculosidade, trazendo a pacificação social.

No Brasil, a política atuarial é aplicada durante o regime de cumprimento da pena, que pode ser o RDD – Regime Disciplinar Diferenciado – art. 52 da Lei nº 7.210/1984 (Lei de Execução Penal), com regras mais rígidas das que normalmente se aplicam ao regime fechado.

Por outro lado, para os ofensores de baixo risco, é aplicada a ressocialização, o processo segue um curso normal e as penas são mais brandas.

CAPÍTULO 4

TEORIAS QUE EXPLICAM A CRIMINOLOGIA E SEUS DESAFIOS NA SOCIEDADE PÓS-MODERNA

> *"O crime é normal porque uma sociedade sem crime é completamente impossível (...)* Não existe nenhuma sociedade na qual não exista uma criminalidade. O delito faz parte, enquanto elemento funcional, da fisiologia e não da patologia da vida social, sendo negativo apenas quando ultrapassa determinados limites".
> Émile Durkheim. *As regras do método sociológico.*

4.1 Conceito criminológico de delito na sociedade pós-moderna

Atualmente, a ciência criminológica tem seu campo de atuação ampliado devido aos novos delitos que ora se apresentam, fruto do mundo virtual, sejam agressões on-line entre usuários de redes sociais e de aplicativos de mensagens, por exemplo.

A utilização de métodos e análises no que diz respeito ao crime e ao criminoso são difíceis de mensurar, devido à confidencialidade das redes, dos *smartphones* e mesmo pelo sigilo decretado judicialmente em tais processos com base no art. 201, §6º, do Código de Processo Penal, por envolver a esfera da intimidade e da vida privada das pessoas, principalmente quando praticados por meio do Facebook e do Instagram.

Essa situação não é bem definida na pós-modernidade, em que os padrões de comportamento desafiam a própria sociedade, justamente por não se aceitar convenções modernas que não atendem mais aos anseios da geração Z. Nesse cenário, novas condutas delituosas apresentam-se, e novos desafios de controle também são necessários. Não há um transtorno mental diagnosticado. Todavia, como ensina Jonahtan Haidt: "O que há é uma preocupação constante de que o que está acontecendo não é natural, e os filhos estão perdendo alguma coisa – na verdade, quase tudo – por causa das intermináveis horas que passam na internet".[65] Nesse contexto, podem ser vítimas de crimes ou cometerem crimes digitais.

O processo histórico-evolutivo alargou o campo de atuação. Relevantes novas questões de política criminal, desde a formulação de estratégias de prevenção e ressocialização, demarcando áreas de criminalização e descriminalização, até a análise dos chamados meios de reação da sociedade. Novas modalidades de estelionato destacam-se com taxas representativas de ocorrência, o sequestro relâmpago para transferências por meio de *pix* é um problema constante nas grandes cidades. Existe um verdadeiro descompasso entre a previsão legal e os novos tipos de conduta lesiva ao contexto social.

Necessário se faz, com urgência, o estudo do processo de elaboração e de violação das leis. Posto que o fenômeno criminológico não se esgota na mera explicação da ocorrência do crime, mas vai muito além, numa análise dos modelos de atuação das instâncias de controle e reações sociais e da indagação de seus efeitos, propondo formas para sua atuação eficientes para esses novos desafios, que devem ser valorados por meio da política criminal.

Passa-se a analisar mais detidamente cada caso, sendo que o conceito criminológico de crime tem um viés jurídico, bem como de índole sociológica, implicando sempre um comportamento humano e a definição desse comportamento como criminoso para outros homens.

Vejamos o resultado de uma pesquisa do Instituto de Ensino e Pesquisas – INSPER sobre o mapa da violência na cidade de São Paulo, no ano de 2023/2024: "As taxas de vitimização gerais na cidade de São Paulo são bastante elevadas. Em 2023, 47% das pessoas (representando quatro milhões e quatrocentas mil pessoas na cidade) reportaram que foram vitimizadas de alguma forma entre Março de 2022 e Fevereiro de 2023. Em 2023, 7,9% das pessoas entrevistadas foram roubadas

---

[65] HAIDT, Jonathan. *A geração ansiosa*. Como a infância hiperconectada está causando uma epidemia de transtornos mentais. Tradução: Lígia Azevedo. São Paulo: Companhia das Letras, 2024. p. 31.

(equivalente a 736 mil pessoas na população) e 13,7% furtadas (1 milhão e 276 mil pessoas). Os roubos contra a pessoa (fora do domicílio ou veículo) atingiram 6% dos entrevistados, ao passo que os furtos chegaram a 5,9%. O celular se mantém como o objeto mais levado em roubos e furtos (80.2%), tendo crescido em relação ao ano de 2018 (76.9%)".

Analisando-se os demais índices, observa-se um progresso: "As taxas de vitimização por roubos, furtos e agressões estão estáveis desde a primeira pesquisa em 2003. Os casos de estelionato, por outro lado, se encontram no maior nível da série (30% das pessoas entrevistadas, representando 2 milhões e 794 mil pessoas). As taxas de vitimização por roubo ou furto contra a pessoa (fora do domicílio) cresceram entre 2003 e 2023. Em 2023, 6% das pessoas entrevistadas afirmam terem sido roubadas fora de casa entre Março de 2022 e Fevereiro de 2023, 5,9% foram furtadas fora do domicílio e 5,9% foram agredidas verbal ou fisicamente. A taxa de agressões online em 2023 foi de 5,4% (representando 503 mil pessoas), maior do que os 4.7% relatados em 2018".

E, conclui, com a seguinte análise: "Em 2023, 10,4% das mulheres reportam que foram assediadas nos últimos doze meses (que representam 516 mil mulheres). Os assédios sexuais totais se reduziram em 2023 se comparados com os resultados de 2018, tanto para a amostra inteira (9.5% para 7.8%) como para apenas homens (4.9% para 4.8%) e paras mulheres 13.5% para 10.4%). A taxa de assédio sexual cresce com a escolaridade e é maior entre as mulheres. O principal local de ocorrência de assédio relatado pelas entrevistadas o transporte público, taxis ou transporte com motorista particular (23.5%), seguido vias públicas (21.8%) e em terceiro no trabalho, faculdade ou escola (15.0%). O assédio sexual contra mulheres é cometido predominantemente por desconhecidos (70.7%)".

Novas formas de práticas de crimes foram constatadas. É o que se infere da análise dos dados: "Novas modalidades de estelionato tiverem alta em comparação com os resultados de 2018. Problemas com sites ou aplicativos de compra tiveram uma taxa de 7.8% em 2023 contra 3.9% em 2018, ocorrências com roubo de dados pessoais aumentaram de 1.3% em 2018 para 3.0% em 2023. Fraudes com cartões de crédito tiveram o maior crescimento na série, sendo 1.4% em 2003, 5,5% em 2018 e 9,3% em 2023 (866 mil pessoas)".

Clara é a conclusão de que é a definição da conduta considerada como criminosa, numa sociedade complexa como a que vivemos, passa a ser uma opção cristalinamente política, muito embora a ciência e a política na ótica de Max Weber tenham vocações distintas, uma regida pela ética da responsabilidade e a outra guiada pela ética da convicção, respectivamente.

4.2 Desafios da criminologia do consenso ou da criminologia do conflito

Os estudos e as discussões sobre o comportamento humano orbitam em torno da antinomia consenso-conflito. É uma construção do próprio poder na sociedade pós-moderna, entendida como uma sociedade do desempenho, que pode levar as pessoas à exaustão, com evidente problema criminológico a ser enfrentado, ainda mais quando a concentração de renda está cada vez mais evidente no mundo, e os novos postos de trabalho remuneram de maneira muito desigual. Por exemplo, um motoboy que trabalha com grande nível de estresse durante todo o dia, bem como um motorista de aplicativo de transporte, não possuem relação de emprego, de acordo com as normas da CLT, não possuem um plano de previdência, podendo a qualquer momento ficarem desempregados.

Por outro lado, um *influencer* ou um programador de jogos on-line pode ficar milionário de uma hora para outra. Esse admirável mundo novo que ora se apresenta, de que todos devem ter aparelho celular e cartão de crédito como condição necessária para ser consumidor, espelha as discrepâncias de renda nessa sociedade, gerando um exército de pessoas sem perspectiva de emprego, com potencial criminológico alargado. No Japão, onde o índice Gini é 29,9%, a desigualdade social é bem menor, o que se reflete em índices de criminalidade muito baixo. Em 2025, o coeficiente de Gini do Japão deverá atingir 0,31, sendo a taxa de desemprego de 2,5%. Ao revés, no Brasil, o índice de Gini em 2018 era de 0,539, um dos dez países com maior desigualdade do mundo, refletindo em altos índices de violência e criminalidade. Em 2024, o Brasil apresentou um índice de Gini de 0,517, o que revela uma concentração na distribuição de renda enorme, pois quanto mais próximo de 100, mais desigual é o país, de acordo com o parâmetro do índice de Gini.

Certamente que extorsão mediante sequestro, para transferência por meio de pix, e apropriação indébita através de aplicativos de celular, passam a ser comuns com a utilização de aplicativos de transportes. Observo que no Brasil o objeto de veneração do furto tradicional é o aparelho celular. Ali está toda a vida das pessoas, com cartões de crédito virtuais, acesso a bancos virtuais, necessário para acionar o transporte por meio de aplicativo, comprovação dos ingressos de cinema e de teatro, jogo de futebol, shows de cantores, e tudo mais que ronda a vida pós-moderna.

O laboratório de estudo do criminólogo só cresce com as fraudes de cartão de crédito e a clonagem de telefones celulares, bem como da documentação do próprio veículo, que agora é utilizado por meio do celular.

Pedofilia praticada on-line, agressões verbais que podem caracterizar *cyberbullying*, racismo virtual, assédio sexual praticado pelas redes sociais ou por meio do telefone celular, através de *whatsapp* e mensagens de textos, passaram a ser preocupação constante no mundo que ora se descortina.

4.3 O exemplo que vem da Colômbia

Em 2018, fui até a Colômbia para entender os fatores que levaram à diminuição dos índices de violência nas cidades de Medellín e Bogotá. Entrevistei pessoas, comprei livros, conversei com policiais, com pessoas nas ruas das cidades, observei a mudança na arquitetura e na infraestrutura da cidade de Medellín. Os colombianos passaram a ter um ar de pertencimento de suas cidades. E isso faz toda a diferença para se ter uma vida melhor.

O resultado que constatei foi uma verdadeira transformação na sociedade, com infraestrutura e investimentos vultosos em educação. As cidades de Bogotá e Medellín se tornaram laboratórios sobre como prevenir e como combater a criminalidade. Os níveis de pobreza ainda são altos, mas essas cidades conseguiram reduzir drasticamente suas taxas de homicídio em 79% e 90%, respectivamente.

Fruto do empenho das mudanças, o símbolo máximo do caos era a Comuna 13 – um conglomerado de 25 favelas que se espalhavam pelas montanhas que cercam Medellín e produziam o grosso da violência. O poder público era ausente, e, para subir lá, só com autorização dos bandidos. Numa operação de guerra, o Exército ocupou a região e instalou bases militares. Puderam, então, chegar educadores, assistentes sociais e policiais comunitários. Vende-se cafés, tem escadas rolantes cobertas para subir no morro e teleféricos, bem como foram implantadas bibliotecas e complexos de lazer para os jovens praticarem esportes.

Com o policiamento comunitário ostensivo, as pessoas se sentiram mais confortáveis para denunciar os matadores, o que diminuiu a sensação de impunidade. Não apenas se treinaram melhor os policiais, mas se capacitou a comunidade sobre como lidar com a questão da segurança. Surgiram, voluntariamente, os "vigilantes do bairro", cuja missão é apenas informar as autoridades sobre os movimentos suspeitos.

Os centros de recuperação de jovens infratores são tidos como modelo mundial –extremamente focados na aprendizagem e administrados por uma entidade privada.

No projeto chamado "LIVROS QUE VOAM", o beneficiário precisa se comprometer a passar o livro adiante e exigir que o próximo a recebê-lo não interrompa a corrente literária, que normalmente são deixados nos bancos do transporte público, visando atingir um universo maior de pessoas.

De 1993 até 2006, a taxa de homicídios da cidade caiu quase 80% e está em 17 por 100 mil habitantes, quase igual à da cidade de São Paulo, o que significa dizer que, apesar do notável avanço, ainda está longe do satisfatório.

4.4 Teorias que explicam a criminologia

4.4.1 Criminologia tradicional

O crime é visto como uma realidade em si mesmo. Já o criminoso é visto como um indivíduo diferente, anormal, de características patológicas. Pela sua análise, a solução para a criminalidade é a identificação de fatores produtores da delinquência e os meios capazes de prevenir, reprimir e corrigir as condutas desviantes ilícitas.

4.4.1.1 Escola de Chicago

Conhecida como escola da criminologia ambiental, tem uma perspectiva de análise criminológica transdisciplinar, dentro de uma abordagem empírica com finalidade pragmática, ou seja, fruto da observação direta das investigações com escopo de encontrar um diagnóstico confiável dos problemas sociais da sociedade norte-americana, nas décadas entre os anos 20 e 40 do século passado, priorizando a ação preventiva, com a consequente diminuição da atividade repressora por parte do Estado.

Com o crescimento desenfreado dos centros urbanos, da economia, tem início o enfraquecimento dos agentes de controle social informal, por meio de estudos de inquéritos sociais.

De acordo com o estudo, as pessoas eram contaminadas pelos ambientes sociais aos quais se encontravam inseridas. Os indivíduos, ao terem contato com os comportamentos criminosos, contagiavam-se, incorporavam esse comportamento delitivo e o reproduziam com naturalidade. O meio social urbano era o produtor da violência. A cidade, quando passa por um crescimento desenfreado, passa a ser causadora da criminalidade.

Seguindo o conselho de observar o andar da carruagem, incluindo no radar uma mudança de planos, passemos a analisar a *teoria das zonas concêntricas*, a partir do crescimento da cidade de Chicago. No centro da cidade fica a zona comercial. Ao redor foi construída uma zona residencial com lares mais humildes. Em torno dessa primeira zona urbana foi seguida de outra, com residências melhores, sendo uma espécie de classe média. E, por fim, nas zonas mais afastadas, as casas maiores, afastadas dos centros empresariais, com pessoas que possuem a capacidade financeira de melhor deslocamento.

De acordo com as pesquisas realizadas pela Escola de Chicago, a zona de maior criminalidade concentrava-se nas áreas das residências mais pobres e com a maior concentração de pessoas com deficiências. Portanto, de acordo com as conclusões do estudo, a criminalidade brota das zonas de maior pobreza. Quantos de vocês não se identificam com as zonas urbanas de suas respectivas cidades brasileiras? Nada é feito por acaso. Quem financiou o estudo já esperava por um resultado parecido com o que foi logrado.

4.4.1.2 Teoria Ecológica ou da Desorganização Social

Proveniente da Escola de Chicago, sendo criada em 1915, sob o argumento de que o progresso induz a criminalidade nos grandes centros urbanos.

Seu principal teórico foi Robert Park, que, em 1925, publicou a obra central da teoria ecológica – *The city: Suggestion for the Investigation of Human Behavior in the City Enviroment*. O enfoque principal dessa teoria é a degradação do controle social nesses núcleos urbanos. Outros fatores são a alta mobilidade e a perda de raízes no lugar de residência, a crise dos valores tradicionais e familiares.

É preciso rememorar que, no início do século XX, os Estados Unidos da América desfrutavam de um considerável desenvolvimento e expansão econômica e industrial. Dentre as cidades mais prósperas americanas, merece especial destaque Chicago. A prosperidade é um fator atrativo para o fluxo migratório das pessoas, e, em Chicago, não foi diferente, milhares de pessoas migraram de outras regiões do país, como descendentes de escravos, irlandeses, eslavos, italianos e minorias étnicas, que passaram a ocupar o espaço urbano periférico, predominando precárias condições de higiene, segurança, iluminação pública, educação para os filhos etc.

Robert Park identifica o planejamento da cidade, a organização local e a vizinhança como fatores que podem ser deflagradores do crime, uma vez que uma fração significativa da sociedade tinha extrema dificuldade em absorver os valores consagrados pelo grupo social dominante, devido à miséria e à desigualdade social, deflagrando um contexto de violência e aumento vertiginoso da criminalidade. Como esclarece o autor:

> Sob as influências complexas da vida da cidade, o que pode ser chamado de sentimento normal da vizinhança passou por muitas mudanças curiosas e interessantes e produziu vários tipos extraordinários de comunidades locais. Mas do que isso, existem vizinhança nascente e vizinhanças em processo de dissolução. Vamos considerar, por exemplo, a Fith Avenue, em Nova York, que provavelmente nunca teve uma relação desenvolvida entre as pessoas, e vamos compará-la com a 135ª Street no Bronx (onde provavelmente a maior concentração da população negra do que em qualquer outro lugar no mundo), que rapidamente está se tornando uma comunidade extremamente unida e altamente organizada. É importante saber quais são as forças que tendem a acabar com as tensões, os interesses e os sentimentos que dão as vizinhanças seu caráter particular. Em geral, considera-se que essas forças são qualquer coisa que torne a população instável, dividindo e concentrando as atenções em objetos de interesses díspares... Por outro lado, algumas vizinhanças urbanas sofrem de isolamento. Têm sido feito esforços, em diferentes épocas, para reconstruir e estimular a vida de vizinhanças nas cidades e levá-las a interagir com os interesses mais amplos da comunidades.[66]

---

[66] PARK, Robert E. *A sociedade urbana de Robert E. Park*. Organização e introdução: Lícia do Prado Valadares. Tradução: Wanda Brant. Rio de Janeiro: UFRJ, 2018. p. 42-43.

Necessário esclarecer que Robert Park elenca como deflagradores da teoria catastrófica do progresso as migrações e as colisões acidentais, bem como as fusões de pessoas e culturas que elas ocasionaram, fundamentais para a caracterização do homem marginal.[67] A escola de Chicago atribui valor preponderante à desorganização social, sendo caracterizado como principal fator criminógeno.

4.4.1.3 Teoria das janelas quebradas

O Manhattan Institute lança o *broken windows theory*, sustentando que todo e qualquer desvio de comportamento deve ser rigorosamente perseguido e punido, pois quem joga uma pedra e quebra uma vidraça, hoje, amanhã volta para cometer crimes mais graves. Essa teoria foi gestada nos Estados Unidos da América, e tem em James Wilson e George Kelling seus mais renomados teóricos, advertindo a necessidade de se punir mesmo as menores incivilidades de rua, uma vez que seriam o ponto de partida para uma deterioração da convivência sadia dos bairros.

Desta forma, todas as detenções arbitrárias e todo o tipo de autoritarismo policial são praticados contra os clientes preferenciais do sistema, com a plena conveniência e até mesmo estímulo por parte da Administração. Com a chegada de Ronald Reagan ao governo norte-americano em 1981, James Q. Wilson, que era assessor do Presidente, pôs em prática a teoria das janelas quebradas, punindo fortemente pequenos delitos, sob a justificativa de que evitaria que fossem perpetrados delitos mais graves.

Na fórmula pensada por essa teoria, deve ser utilizada a pena privativa de liberdade mesmo para os crimes de menor potencial ofensivo, posto que qualquer ilicitude praticada, ainda que seja leve, deve ser prontamente reprimida, uma vez que, se não punida, pode evoluir para a prática de um crime mais grave.

4.4.1.4 Teoria da Tolerância Zero – Movimento de lei e ordem

Fruto do movimento de lei e ordem, condensa ideias defendidas pela teoria das janelas quebradas, de índole nitidamente retribucionista e repressiva. As linhas de argumentação defendidas por essa teoria é

---

[67] *Ibidem*, p. 112.

de um direito penal com máxima intervenção do sistema penal, compreendendo o direito penal como único instrumento capaz de conter o crescimento da criminalidade, o que possui sua faceta mais visível na política de tolerância zero.

Numa sociedade de risco como a nossa e com um altíssimo nível de complexidade, só pode ocorrer do completo afastamento do direito da realidade e/ou da imensa má-fé por parte de quem o prega. Não sem razão, foi argumento largamente utilizado por programas políticos totalitários, como o nazismo (pureza da raça) ou mesmo o comunismo (pureza de classe). Ou nas palavras de Beck: "Isto torna claro que, *com o potencial da ameaça das forças produtiva, a margem de manobra para a pesquisa científica torna-se cada vez mais estreita.* Hoje em dia, admitir que se cometeu um erro na estipulação de tetos para a tolerância e aos pesticidas – que, no fundo, é o que normalmente acontece na ciência – equivale, ao desencadeamento de uma catástrofe *política* (ou econômica), devendo por isto mesmo ser evitada".[68]

O modelo de tolerância zero é intolerante com o crime. É cediço que os socialmente etiquetados sempre foram os clientes preferenciais da polícia, e, com o aval dos governantes, nunca se matou, prendeu e torturou tantos negros, pobres e latinos. A máquina estatal repressora é eficientíssima quando se trata de prender e arrebentar hipossuficientes. Um pouco de cuidado se faz necessário, para não se misturar o joio com o trigo, pois a maioria das pessoas que residem em zonas suburbanas nas cidades são trabalhadoras e cumpridoras de seus deveres legais.

O movimento de lei e ordem (*law and order*) prega a supremacia estatal e legal em franco detrimento do indivíduo e de seus direitos e garantias fundamentais. O Brasil já adotou esse modelo repressivista quando editou a Lei nº 8.072/1990, lei dos crimes hediondos, seguidos de outros diplomas normativos com o mesmo viés repressor. Sacrificam-se direitos fundamentais em nome da incompetência estatal em resolver os problemas que realmente geram a violência, utilizando um modelo simplista de repressão, pois não é prendendo e mandando para a prisão mendigos, pichadores e quebradores de vidraças que a macrocriminalidade vai ser contida.

Segundo Zigmunt Bauman: "A guerra à insegurança, aos riscos e aos perigos está em curso *dentro* da cidade; nela, os campos de batalha

---

[68] BECK, Ulrich. *Sociedade de risco*: Rumo a uma outra modernidade. Tradução: Sebastião Nascimento. São Paulo: Editora 34, 2010. p. 65.

são nitidamente delimitados, e as linhas de frente são 'demarcadas...' Projetar e construir casas não-vistosas é uma tendência cada vez mais difundida na arquitetura urbana governada pelo medo".[69]

De acordo com Bauman, ordem significa um meio regular e estável para os nossos atos; um mundo em que as probabilidades dos acontecimentos não estejam distribuídas ao acaso, mas arrumadas numa hierarquia estrita – de modo que certos acontecimentos sejam altamente prováveis, outros menos prováveis, alguns virtualmente impossíveis.

Nesse panorama, conclui-se que a criminalidade é um fenômeno complexo, que decorre de um feixe de elementos (fatores biopsicossociais), onde o sistema penal desempenha um papel bastante secundário na sua prevenção. Não serve como elemento de prevenção, não reeduca e tampouco ressocializa. Como resposta ao crime, a prisão é um instrumento ineficiente e que serve apenas para estigmatizar e rotular o condenado, que, ao sair da cadeia, encontra-se em uma situação muito pior do que quando entrou.

Como nos ensina Alessandro Baratta:

> O que é a criminalidade se aprende, de fato, pela observação da reação social diante de um comportamento, no contexto da qual um ato é interpretado (de modo valorativo como criminoso, e o seu autor tratado consequentemente. Partindo de tal observação, pode-se facilmente compreender que, para desencadear a reação social, o comportamento deve ser capaz de perturbar a percepção habitual, de *routine*, da "realidade tomada por dada" (*taken-for-granted reality*), ou seja, que suscita, entre as pessoas, implicadas, indignação moral, embaraço, irritação, sentimento de culpa e outros sentimentos análogos.[70]

No começo dos idos de 1970, o principal precursor do movimento de lei e ordem foi James Q. Wilson, pregando uma política criminal norte-americana extremamente punitiva. Seus trabalhos têm como objeto a "guerra às drogas", exercendo forte influência sobre governo republicanos nos EUA, com a publicação do livro na década de 1980 *Pensando sobre o delito*, com o aumento considerável das pessoas presas nesse período.

---

[69] BAUMAN, Zugmunt. *Confiança e medo na cidade*. Tradução: Eliana Aguiar. São Paulo: Zahar, 2021. p. 56.
[70] *Ibidem*, p. 95.

O ex-promotor e ex-prefeito Rudolph Guiliani é um dos expoentes mais conhecidos do *zero tolerance*, vencendo as eleições de 1993 e transformando Nova York na vitrine mundial dessa política repressivista, espraiando-se para outros lugares do mundo, que utilizaram o mesmo modelo para combater a criminalidade. Com isso, as forças policiais ostensivas estarão legitimadas a agir contra qualquer violação às leis.

Esquematicamente, pode-se elencar as principais características do movimento de lei e ordem: 1) a pena é necessária como castigo e retribuição ao mal praticado; 2) os crimes praticados com violência ou grave ameaça à pessoa devem ser punidas com penas mais severas – prisão perpétua e pena de morte; 3) no caso de crimes violentos, as penas devem ser cumpridas em estabelecimentos prisionais de segurança máxima; 4) diminuição do poder de individualização da pena por parte do juiz e menor controle judicial da execução da pena; 5) aumento da utilização da prisão provisória como resposta estatal, com o objetivo de trazer a paz social.

4.4.2 Teoria da Associação Diferencial

Essa teoria tem em Edwin Sutherland seu principal expoente. A associação diferencial parte da premissa que o crime não pode ser definido simplesmente como disfunção ou inaptidão de pessoas de classes menos favorecidas, não sendo o crime condutas exclusivas da classe menos favorecida. Gabriel Tarde é outro autor que se destaca nessa corrente do pensamento, ao afirmar segundo Schecaria: "Todo comportamento tem sua origem social. Começa como uma moda, torna-se um hábito ou um costume. Pode ser uma imitação por costume, por obediência ou por educação. O que é a sociedade? Eu já respondi: sociedade é imitação".[71] Enfim, todo ser social, quando se insere na sociedade, torna-se um imitador por essência, inclusive com início no seio familiar, para Gabriel Tarde. Desta forma, aprende-se a praticar um crime como é apreendido e estimulado a se praticar uma boa ação ou conduta.

De acordo com essa teoria, o cidadão é convertido em criminoso. Isso ocorre quando os valores preponderantes no grupo social que é integrante ao indivíduo ensinam o comportamento desviante

---

[71] SHECAIRA, Sérgio Salomão. *Criminologia*. 4. ed. São Paulo: Revista dos Tribunais, 2012. sp. 172-173.

considerado criminoso. É passada a falsa informação de que o crime possui mais valores favoráveis do que desfavoráveis.

Dentro desse contexto, pode-se afirmar que o aprendizado do comportamento considerado como criminoso consiste em aprender técnicas da prática criminosa, dividindo-se em técnicas simples e complexas, diante de análise de custo e benefício.

Em resumo: a conversão do cidadão em criminoso se dá quando as concepções favoráveis ao descumprimento da norma superam as concepções entendidas como desfavoráveis. As pessoas se associam por afinidade de valores sociais, por isso que a teoria é conhecida como associação diferencial, porque os valores sociais são diversos do que prega a maioria da sociedade, podendo variar em frequência, duração, prioridade e intensidade. Isso tudo é alimentado pela falta ou inexistência do controle social informal (família, escola e rede de amigos), que acaba estimulando a prática de crimes.

4.4.3 Teoria da Anomia

Teoria elaborada por Robert King Merton (1938), ancorado no pensamento de Émile Durkheim, autor das obras *Divisão Social do Trabalho*, *As regras do método sociológico* e *O suicídio*, que explica a criminalidade sob uma vertente sociológica.

Anomia quer dizer a deficiência ou impossibilidade momentânea do indivíduo de ter acessos aos fins culturais. Diante do fracasso em se alcançar as metas culturais, por consequência, diante de uma falha do sistema de normas, acaba deflagrando a conduta desviante.

De acordo com essa teoria, o comportamento desviante é considerado como resultado da discrepância entre as aspirações socioculturais e os meios desenvolvidos para alcançar tais aspirações. Considerando o fracasso no alcance dessas pretensões em função da impropriedade dos meios disponíveis para lograr esse objetivo, há uma condução do indivíduo à anomia, ou seja, a comportamentos em que as normas sociais são completamente ignoradas ou contornadas para atingir os fins desejados, ainda que por meios ilícitos, configurando um quadro de desordem e ausência de respeito às leis.

O cerne dessa teoria está caracterizado pelas desigualdades sociais, a escassez de oportunidades dos indivíduos menos favorecidos, sendo reflexo de uma sociedade heterogênea e de consumo, que, em última análise, estimula uma mentalidade focada na anomia. Exemplo:

o trabalho assalariado compensa menos que o serviço do tráfico de drogas, máxime quando existe uma impunidade do traficante.

Segundo essa perspectiva, o crescimento exponencial da criminalidade está umbilicalmente ligado ao descrédito do sistema normativo. Por exemplo, o crime de corrupção é estimulado pelo descrédito ou inexistência na punição desses crimes por parte das instituições estatais. Forja-se com isso um espaço anômico.

4.4.4 Criminologia crítica ou radical

4.4.4.1 Teoria da Rotulação ou *Labeling Approch* ou Etiquetamento

O cerne dessa teoria parte do pressuposto de que o comportamento desviante não é fruto de uma qualidade ontológica da ação, mas consequência de uma reação social. É conhecida como teoria interacionista, da rotulação social ou do etiquetamento. Nasceu nos Estados Unidos na década de 60 do século passado.

Como explica com maestria Schecaria:

> O *labelling* desloca o problema criminológico do plano da ação para o da reação (dos *bad actors* para os *powerfull reactors*), fazendo com que a verdadeiras características comum dos delinquentes seja a resposta das audiências de controle. A explicação interacionista caracteriza-se, assim, por incidir quase exclusivamente sobre a chamada delinquência secundária, isto é, a delinquência que resulta do processo causal desencadeado pela estigmatização... Quando os outros decidem que determinada pessoa é *non grata*, perigosa, não confiável, moralmente repugnante, eles tomarão contra tal pessoa atitudes normalmente desagradáveis, que não seriam adotadas com qualquer um.[72]

Os principais autores que explicam essa teoria são Erving Goffman e Howard Becker, considerados como autores integrantes da Nova Escola de Chicago.

A conduta rotulada cria uma espécie de estigma, objeto dos estudos de Goffman, que assim desenvolve o tema: "As manipulações de tensão e de informação foram enfatizadas – como o indivíduo estigmatizado pode apresentar a outras pessoas um eu precário, sujeito ao insulto e ao descrédito. Mas parar aqui criaria uma visão unilateral,

---

[72] *Ibidem.*, p. 251.

dando sólida realidade ao que é muito mais frágil do que aquilo. O estigmatizado e o normal são parte um do outro; se alguém se pode mostrar vulnerável, outros também o podem. Porque ao imputar identidades aos indivíduos, desacreditáveis ou não, o conjunto social mais amplo e seus habitantes, de uma certa forma, se comprometeram, mostrando-se como tolos".[73]

O estigma, expressão originária do grego que quer dizer "marca", é uma característica real ou atribuída a algum indivíduo com o objetivo claro e manifesto de inferiorizar a vítima diante dos demais, seja de forma direta ou indireta.

Ensina-nos Luis Mauro Sá Martino que: "Para o estigmatizado, no entanto, essas características ficam em segundo plano: aos olhos da sociedade, ele é definido pelo estigma... A todo e qualquer momento, a pessoa pode ser lembrada de sua diferença, e de seu aspecto negativo em relação aos outros – não é 'normal'. Nem todo estigma se deve a algum tipo de característica física. Ao contrário, muitas marcas sociais de inferiorização estão ligadas a fatores como a origem de classe, os gostos, as amizades ou a trajetória de vida".[74]

Ponto que chama atenção é que o estigma acaba gerando o *outsider*. É o que esclarece Howard Becker:

> O outsider – aquele que se desvia das regras do grupo – foi objeto de muita especulação, teorização e estudo científico. O que os leigos querem saber sobre desviantes é: por que fazem isso? Como podemos explicar suas transgressões das regras? Que há neles que os leva a fazer coisas proibidas?" E arremata: "A concepção mais simples de desvio é essencialmente estatística, definindo como desviante tudo que varia excessivamente com relação à média. Assim formulada, a concepção estatística parece simplória, até trivial(...) Uma concepção menos simples, mas muito mais comum, de desvio o identifica como algo essencialmente patológico, revelando a presença de uma 'doença'".[75]

Em síntese, essa teoria está lastreada na ideia de que a intervenção social da justiça no âmbito criminal pode servir de fator para alastrar

---

[73] GOFFMAN, Erwin. *Estigma*. Notas sobre a manipulação da identidade deteoriorada. Tradução: Mathias Lambert. 4. ed. São Paulo: LTC, 2004. p. 115.
[74] MARTINO, Luis Mauro Sá. *Dez lições sobre Goffman*. Petrópolis: Vozes, 2021. p. 67.
[75] BECKER, Howard S. *Outsiders*: Estudos de sociologia do desvio. Tradução: Maria Luiza X. de A. Borges. Rio de Janeiro: Zahar, 2008. p. 17-18.

a criminalidade, como resultado de um processo de estigmatização da conduta daquele que a praticou.

É preciso invocar o magistério de Alessandro Baratta:

> No âmbito da nova sociologia criminal inspirada no *labelling approach*, é salientado que a criminalidade, mais que um dado preexistente comprovado objetivamente pelas instâncias oficiais, é uma *realidade social* de que a ação das instâncias oficiais é elemento constitutivo. Estas constituem tal realidade social através de uma percepção seletiva dos fenômenos, que se traduz no recrutamento de uma circunscrita população criminal, selecionada dentro do mais amplo círculo dos que cometem ações previstas na lei penal e que, compreendendo todas as camadas sociais, representa não a minoria, mas a maioria da população.[76]

Em suma, o etiquetamento é calcado na abordagem do processo de interpretação, definição e tratamento que os indivíduos que compõem a classe dominante interpretam determinada conduta como desviante, definem as pessoas que serão alvos dessas condutas e empregam um tratamento que entendem como adequado em desfavor dessas mesmas pessoas, gerando dessocialização, embrutecimento e estigma nesses indivíduos.

Dessa forma, muitos praticam as condutas consideradas como criminosas, mas poucos serão considerados como criminosos, em virtude da incapacidade do sistema penal de investigar e processar todos, porque o sistema penal não tem como perseguir a todos, focando nos indivíduos que se encontram nas classes menos favorecidas.

4.4.4.2 Criminologia radical ou crítica ou criminologia marxista

Dentre as várias maneiras de explicar o crime, na visão dos teóricos do Socialismo Karl Marx e Friedrich Engels, atribuem que o fenômeno criminal tem sua nascente na sociedade capitalista, na iniquidade oriunda da sociedade burguesa, baseada no egoísmo, leva à miséria, à cobiça, e conduz a ambição ínsita ao ser humano, tida como mola propulsora do fenômeno criminal.

---

[76] BARATTA, Alessandro. *Criminologia Crítica e Crítica do Direito Penal*: Introdução à Sociologia do Direito Penal. Tradução: Juarez Cirino dos Santos. 3. ed. Rio de Janeiro: Revan, 2002. p. 178-179.

Sob a abordagem da teoria crítica, floresceram alguns anos depois o abolicionismo criminal, o direito penal mínimo e neorrealismo.

Essa teoria advoga a ideia de que o delito produz um sistema de controle social, sendo integrado por juízes, promotores, delegados e advogados, métodos e procedimentos próprios, desfavorecendo às classes menos abastadas, favorecendo os capitalistas, que sustentam todo o sistema, criando-se os conceitos de opressores e oprimidos.

Esse é só um detalhe, mas não fugiu da percepção aguçada que o fato é considerado como criminoso não por ofensa à norma moral de uma determinada sociedade, mas porque há uma defesa estrutural dos interesses da classe dominante contida na legislação criminal, que confere a definição de criminosa a este tipo de conduta.

Em última análise, o crime está conectado à estrutura política e econômica de uma dada sociedade, servindo para preservar os valores e interesses da classe dominante. A norma confere uma estabilidade provisória à luta de classes no sistema capitalista. Com isso, o discurso está calcado na maximização da responsabilidade de crimes como crimes do colarinho-branco, de abuso de poder, de crime organizado, de crimes contra a ordem tributária e contra o sistema financeiro, cujos sujeitos passivos são componentes das classes ricas. Por outro lado, prega a aplicação do princípio da intervenção penal mínima aos crimes praticados pelas classes menos favorecidas.

4.5 Descriminalização como movimento político criminal

A descriminalização constitui um dos temas centrais da atualidade das ciências criminais, sendo protagonista dos movimentos de reforma penal. Entretanto, é historicamente um movimento constante nas instituições penais. O processo de evolução do Direito penal corresponde à superação de uma realidade por outra, traduzindo-se em medidas de descriminalização, articuladas com medidas de neocriminalização. Assim, foi, por exemplo, a reforma operada no século XVIII pelo movimento iluminista, refletido no Direito Penal pela escola clássica.

No magistério de escol de Jorge de Figueiredo Dias: "Por *descriminalização*, em sentido estrito, entende-se aqui a desqualificação duma conduta como crime".[77] Há uma redução legal, formal, do campo de incidência da lei penal em relação a certos comportamentos humanos. Está incluída neste conceito a conversão legal do ilícito penal para qualquer outra espécie de delito, por exemplo, para o ilícito civil.

Descriminalizar consiste na retirada do sistema de um valor como objeto da tutela penal, reputando esse valor como passível de proteção por outros ramos do direito. Insere-se o referido procedimento no princípio da intervenção mínima do direito penal, que propõe ser devida a atuação de suas normas apenas quando a ofensa aos bens sociais seja de tal forma relevante que justifique sua necessidade. A intervenção das instâncias formais de controle social deve ser sempre excepcional, necessária somente quando as demais instâncias se demonstrarem insuficientes.

Distingue-se da descriminalização a despenalização, que é um processo de redução das sanções penais aplicadas a comportamentos que continuam a ser ilícitos penais, por exemplo, a substituição das penas privativas de liberdade por outras sanções não detentivas, como a prestação de serviços à comunidade.

De forma didática, define Raúl Cervini: "Por despenalização entendemos o ato de diminuir a pena de um delito sem descriminalizá-lo, quer dizer, sem tirar do fato o caráter de ilícito penal".[78]

Igual distinção deve ser feita da descarcerização ou desprisionização, que significam a redução ou a extinção da prisão como medida cautelar processual.

Enfim, podemos falar que todos esses são verdadeiros processos de desinstitucionalização, ou desestatização, que se consubstanciam em retirar das instâncias formais de controle a resolução de certos conflitos, que passam a ser solucionados pela própria sociedade por meio da regulação social informal.

A descriminalização dentro dessa perspectiva pode ocorrer pela renúncia do Estado ao controle de determinada conduta, alargando as margens de tolerância, porque o comportamento deixou de ser considerado negativo, ou porque, embora considerado negativo, entendeu-se que não cabe ao Estado controlá-lo, por exemplo, a fixação de controle e sanções administrativas em vez de penais.

---

[77] ANDRADE, Manuel da Costa; DIAS, Jorge de Figueiredo. *Criminologia*. O homem delinquente e a sociedade criminosa. Coimbra: Coimbra, 1997. p. 399.
[78] CERVINI, Raúl. *Os processos de descriminalização*. 2. ed. Tradução: Eliana Granja. São Paulo: Revista dos Tribunais, 1995. p. 75.

A razão da descriminalização é o entendimento de que somente deve receber tratamento penal as condutas que sejam socialmente danosas. O Direito Penal não deve invadir as áreas da moral, da ideologia ou do bem-estar social, o que corresponderia a ultrapassar seus próprios limites, em prejuízo de seu papel fundamental de defender os valores e interesses indispensáveis à ordem social.

Por seu lado, a neocriminalização, que sempre acompanhou os movimentos descriminalizantes, também é um contingente histórico ligado à reforma penal. Sempre que há um alargamento do campo de atuação do direito, sempre que surgem novas formas de relacionamentos sociais, há o consequente movimento neocriminalizador. As transformações do mundo em que vivemos, quer sejam transformações tecnológicas, econômicas, sociais, políticas, quer culturais, trazem uma necessidade de ajustamento do Direito Penal.

Esse ajustamento significa que diversas condutas que não tinham relevância penal passam a ser consideradas crimes, recebendo as consequentes sanções penais. Há, então, uma inclusão no sistema penal de um novo valor como objeto da tutela penal, visando a sua maior proteção diante das condutas lesionadoras.

O movimento de neocriminalização não se reflete de imediato nos códigos penais, em face da demorada técnica de codificação, bem como da velocidade e mutabilidade das necessidades incriminatórias. Assim, geralmente aparece em leis esparsas ou leis especiais, que tratam muitas vezes de outros assuntos não penais.

Cabem, da mesma forma, as distinções que fizemos em relação à descriminalização.

Penalização difere da criminalização, porque consiste em estipular penas mais severas para condutas já definidas como ilícitos penais. O controle formal da conduta passa a ser mais rigoroso, geralmente com a cominação de pena privativa de liberdade para o agente.

Carcerização e prisionização são movimentos que visam ampliar o alcance da privação da liberdade como medida processual cautelar. Desta maneira, a prisão decorrente da condenação definitiva difere da criminalização.

Pode-se, assim, caracterizar tais movimentos como estatizadores ou institucionalizadores, à medida que retiram das instâncias informais da sociedade o controle de certas condutas, passando-as para controle das instâncias formais designadas pelo Estado.

Resta a verificação do critério aferidor de legitimidade de neocriminalização, do ponto de vista da política criminal. Esse critério será a verificação de que os comportamentos tratam de fenômenos sociais novos e de que acarretam consequências insuportáveis para a vida social, sendo que somente o Direito Penal é capaz de proporcionar a necessária proteção à sociedade.

Caso não seja essa a fundamentação para a criminalização, vindo a causar prematura ou indevida intervenção do sistema penal, poderá tornar ainda mais danoso à sociedade os conflitos vindos de tais fenômenos.

4.6 Neocriminalização

A neocriminalização é fruto das oscilações política criminal, em particular, e da política, em geral, enquanto arte de tornar possível o que necessário, consequência dos movimentos pendulares próprios dos eventos sociais em determinada época, visando desestimular o comportamento social desviante.

Diante dessas breves considerações, invoco em nosso socorro às lúcidas palavras de Gianpaolo Poggio Smanio:

> Sempre que há um alargamento do campo de atuação do direito, sempre que surgem novas formas de relacionamentos sociais, há o consequente movimento neocriminalizador. As transformações do mundo em que vivemos, quer sejam transformações tecnológicas, econômicas, sociais, políticas, quer culturais, trazem uma necessidade de ajustamento do direito penal.[79]

O mencionado ajustamento do direito penal quer dizer que várias condutas que eram consideradas indiferentes penais passam a ser etiquetadas agora como crime, trazendo consigo as necessárias sanções penais. São incluídas novas condutas no sistema penal amparadas num novo bem-jurídico, merecendo a proteção da tutela penal ante a conduta desviante que se quer combater, e, sendo o direito penal o ramo do direito com a repressão mais acentuada, uma reflexão mais profunda é necessária. Por exemplo, até 12 de fevereiro de 1998 (com *vacatio legis* de 90 dias) não existiam crimes contra o meio ambiente.

---

[79] SMANIO, Gianpaolo Poggio. *Criminologia e Juizado Especial Criminal*. 2. ed. São Paulo: Atlas, 1998. p. 27.

Com o advento da Lei nº 9.605/1998, regulamentando a norma do art. 225, §3º, da Constituição Federal, inclusive aplicável a pessoas jurídicas, inaugurando o bem jurídico penal meio ambiente, e criando-se os novos crimes ambientes – arts. 29 a 69-A da citada lei.

Totalmente pertinente a observação do douto Smanio:

> O movimento de neocriminalização não se reflete de imediato nos códigos penais, em face da demorada técnica de codificação, bem como da velocidade e mutabilidade das necessidades incriminatórias. Assim, geralmente aparece em leis esparsas ou leis especiais que tratam muitas vezes de outros assuntos não penais.[80]

Deve-se ficar atento aqui para a necessidade de se legitimar a neocriminalização, num sistema que pretende ser democrático, ancorando-se nas decisões equilibradas do Conselho Nacional de Política Criminal e Penitenciária e numa ampla discussão prévia com a sociedade civil, inclusive, com a realização de audiências públicas, visando melhor elaborar os projetos de lei aos anseios criminológicos da sociedade, sob pena que as decisões precipitadas podem deflagrar danos sociais maiores aos conflitos oriundos de tais fenômenos.

O critério distintivo necessário para a inovação legislativa será a constatação de que os comportamentos tratam de condutas sociais novas e que importam efeitos insuportáveis para o convívio social. Neste caso, somente é legítima a intervenção do direito penal para a proteção do seio social, em respeito ao princípio da intervenção mínima do direito penal.

4.7 Abolicionismo

Adotando-se o postulado da *labeling approch* (teoria do etiquetamento), ressalta-se que, sob a etiqueta do delito, reúne-se toda uma série de comportamentos que nada têm em comum, exceto quanto ao fato de estarem igualmente criminalizados no Código Penal ou em leis penais esparsas.

Na segunda metade do século XX, a criminologia voltou suas atenções para a questão da legitimidade punitiva estatal, escolhendo, em algumas situações, a decisão de deslegitimar o sistema punitivo,

---

[80] *Ibidem.*

dentro de uma concepção da criminologia crítica, que em sua versão mais radical se denomina abolicionismo (abolição do sistema penal).

    Significa ainda que o crime não é um objeto do sistema penal, mas o resultado mesmo do seu funcionamento, razão pela qual a criminalidade não existe por natureza, pois é, mais exatamente, uma realidade socialmente construída mediante processos de definição e interação. Nada haveria na natureza do fato, na sua formação intrínseca, que permitisse reconhecer se se trata ou não de um crime, exceto a competência formal do sistema para intervir em determinadas situações, etiquetando condutas e as punindo com todo um aparato burocrático por trás. Diante do flagrante paradoxo, o crime não existe enquanto realidade ôntica, mas sim como uma realidade construída e modificável, sendo ofício do legislador criar a conduta considerada criminosa.

    Essa corrente sustenta que o mal provocado pelo sistema penal tem um grau maior de gravidade que o próprio fato delituoso praticado. Em função disso, na sua concepção mais radical, propugna a abolição do sistema penal em sua integralidade. Com isso, da ideia de castigo não se extrai nada de bom, em qualquer nível que esteja colocada.

    Essa corrente inspira a criação da justiça restaurativa, posto que as condutas criminalizáveis são representações de um conflito interpessoal, só podendo encontrar solução de maneira satisfatória com a intervenção efetiva dos envolvidos no conflito, saindo da tutela do Estado e passando para os meios informais de composição (controle social informal).

4.7.1 Penas perdidas: o sistema penal em questão

    Repito à exaustão, não há na natureza fática, na sua formação intrínseca, alguma coisa que permitisse reconhecer se se trata ou não de um crime, exceto a competência formal do sistema para intervir em determinadas situações. O conceito de crime, observa Hulsman, não é operacional, porque é a lei que cria o crime e, pois, o criminoso. É como adverte o mencionado autor: "É preciso desafiar as ideias preconcebidas, repetidas abstratamente, sem qualquer reflexão pessoal e que mantém de pé os sistemas opressivos. Quando se veicula a imagem de um comportamento criminoso de natureza excepcional, muitas pessoas, no geral inteligentes e benevolentes, passam a acreditar que se justifica a adoção de medidas excepcionais contra as pessoas apanhadas pelo sistema penal".[81]

Com a abolição do sistema penal, qual sistema seria colocado em seu lugar? Hulsman afirma não saber, mas garante que nascerá outro mais justo: "Se afasto do meu jardim os obstáculos que impedem o sol e a água de fertilizar a terra, logo surgirão plantas cuja existência eu sequer suspeitava. Da mesma forma, o desaparecimento do sistema punitivo estatal abrirá, num convívio mais sadio e mais dinâmico, os caminhos de uma nova justiça".[82]

Em sua concepção, Hulsman entende que a prisão é um mal desnecessário ao ser humano: "A prisão representa muito mais do que a privação de liberdade com todas as suas sequelas. Ela não é apenas a retirada do mundo normal da atividade e do afeto; a prisão é também principalmente, a entrada num universo artificial onde tudo é negativo. Eis o que faz da prisão um mal social específico: ela é um sofrimento estéril".[83]

4.7.2 Os limites da dor

O crime, segundo Nils Christie, não existe.[84] Existem condutas etiquetadas como crime. O modo como classificamos atos é uma construção social: são decisões político-culturais que determinam o que vemos ou não como crimes.

As definições de criminalidade dependem de configurações da sociedade e relações entre os envolvidos no processo. Assim, crime não é algo pré-existente. O conceito de crime é criado por um grupo de pessoas dominantes (líderes) na sociedade, aplicando-se a certas circunstâncias escolhidas como ilícitas uma pena respectiva. Nesse sentido, condutas podem ser criminalizáveis ou não, dependendo da positivação, a qual pode ser alterada, conforme os anseios da época. Christie explica o crime de maneira coletiva e não individual, encontrando suas razões na forma como organizamos nossa sociedade. As

---

[81] HULSMAN, Louk. *Penas perdidas*. O sistema penal em questão. Tradução: Maria Lúcia Karam. 2. ed. Rio de Janeiro: Luam, 1997. p. 57.
[82] *Ibidem*, p. 33.
[83] *Ibidem*.
[84] CHRISTIE, Nils. *Los limites del dolor*. Tradução: Mariluz Caso. México: Fondo de Cultura Económica, 1988. p. 15: "Deixa o crime de ser para se tornar um ponto de partida para um verdadeiro diálogo, e não uma resposta igualmente desajeitada na forma de uma colherada de dor".

sociedades religiosas ainda hoje mantêm como condutas criminais a sodomia e o adultério, só para ilustrar um exemplo.

A norma penal, embora pretenda dissuadir comportamentos delituosos (função da prevenção geral ou especial), em verdade não se presta a esse fim, pois provavelmente ninguém se abstém de praticar crimes em atenção à possibilidade de sofrer a incidência do aparato repressivo, vale dizer, a norma penal não intervém no processo motivacional de formação da vontade de delinquir, já que, quando alguém se abstém de praticar crime, assim o faz por motivos de outra ordem (moral, religiosa, cultural etc.), que não o sistema penal. Já a prevenção especial é um mito, uma vez que a prisão, a principal arma dos sistemas penais contemporâneos, não ressocializa o criminoso, antes o dessocializa, embrutece-o, estigmatiza-o. Na maioria das vezes, não se pode ressocializar quem nunca foi socializado. De todo modo, não está provado que o direito penal tenha de fato capacidade preventiva.

Nils Christie assinala que o delito não é uma coisa. É antes um conceito aplicado em certas situações sociais onde é possível cometê-lo e quando a uma ou a várias partes interessa que assim se defina. Pode-se criá-lo, diz ele, "criando sistemas que requeiram essa palavra; podendo-se extingui-lo os tipos opostos de sistemas". E continua: "O Direito está se tornando um instrumental utilitário, afastado das instituições culturais. Com essa mudança, o Direito perdeu qualidades fundamentais, particularmente suas raízes no núcleo básico da experiência humana".[85]

Em realidade, o verdadeiro e real poder do sistema não é o repressivo (poder negativo), e sim o configurador disciplinário (positivo), arbitrário e seletivo, uma vez que renunciando à legalidade penal, confia-se às agências do sistema penal um controle social militarizado e verticalizado de uso cotidiano e exercido sobre a maioria da população, que vai muito além do alcance meramente repressivo, por ser substancialmente configurador da vida social.

---

[85] CHRISTIE, Nils. *A indústria do controle do crime*: a caminho dos GULAGs em estilo ocidental. Tradução: Luís Leiria. Rio de Janeiro: Forense, 1998.

4.8 Teorias sociológicas da criminologia – Consenso e Conflito

Enquanto ciência transdisciplinar, a criminologia vai buscar na fonte da sociologia a explicação da existência do crime. Enquanto ciência, os estudos específicos e as discussões sobre o fato considerado típico brota de um comportamento humano, para, em seguida, ganhar contornos de um problema jurídico, orbitando em torno da antinomia consenso-conflito.

Nem todo mundo é punido pela prática de crime, e a parcela da sociedade que nunca foi punida, qual sua reação quando recebe a prática desses crimes? Como ensina com percuciência Smanio:

> O que se propõe é o significado das normas pelas quais a ordem social se apresenta, se essas normas exprimem os valores essenciais de uma sociedade e são comuns a todos os seus membros, ou apenas traduzem a vontade dos grupos dominantes, se é possível conceber uma ordenação normativa transcendente ao poder, ou se ela é uma construção do próprio poder.[86]

4.8.1 Modelo consensual

Claro que tudo é uma questão de perspectiva, mas as teorias do consenso estão intimamente ligadas a teorias conservadoras, movimentos político-criminais defendidos pela direita. O modelo consensual ou conservador também é denominado etiológica ou da integração.

Se as regras estão sendo obedecidas, não há motivo pelo qual mudar. Mas se alguém transgride as regras do jogo, passa a existir um conflito, que deve ser resolvido em seguida para que volte a ordem. Mas se todo mundo busca o bem-comum, está tudo perfeito, tal qual pensava Thomas Hobbes no Leviatã. O modelo de consenso pressupõe a premissa da existência de valores fundamentais, que são compartilhados por todos os membros da sociedade, onde a ordem social estaria lastreada, o que asseguraria a coesão social. Portanto, a sociedade estaria programada para extirpar todas as hipóteses de conflito, visto como um mal a ser eliminado. É um modelo estático, tendo como exemplos: a Escola de Chicago, a Ecologia Criminal, a Teoria da Associação Diferencial, a Teoria da Anomia e a Teoria da Desorganização Social.

---

[86] *Ibidem*, p. 23.

Outro fato marcante a se destacar é como *ex cathedra* vaticina Smanio: "Tal modelo gerou a *Criminologia de Consenso*, que corresponde a criminologia tradicional, bem como a criminologia socialista, cuja característica é a aceitação positivista das normas jurídico-criminais como um dado e destinados à tutela de valores essenciais e comuns a todos os membros da sociedade. O crime é visto como uma negação daqueles valores, sendo uma ameaça ao equilíbrio e ao próprio funcionamento do sistema".[87]

Resumindo: com a ocorrência do fato criminoso, há um rompimento da ordem, e as regras jurídicas que são oriundas de um consenso social (convergência de valores) que foram transgredidas desequilibram o consenso, sendo necessário o controle social repressivo com a mão forte do Estado para que seja reestabelecida novamente a ordem e a paz social almejada. Por isso, é conhecido como movimento da lei e da ordem.

4.8.2 Modelo conflitivo

Num sentido diametralmente oposto, é a ideia do modelo conflitivo, que possui uma íntima ligação com os movimentos de esquerda, em que a ordem significa apenas manutenção do *status quo*. Em outras palavras, é uma sociedade sem mudança, em que os valores se tornam estáticos. O que se busca é conhecido na linguagem nietzchiana como "transvaloração de os valores". De acordo com esse modelo, o conflito seria natural, pois numa sociedade democrática e plural, com diversos valores sociais conflitantes, manda quem consegue ter maior "vontade de potência" para usar a expressão consagrada por Nietzsche. O conflito que serve para o progresso da humanidade.

Por seu turno, o modelo conflitivo visualiza as relações sociais como genuinamente conflituosas, concluindo a partir disso que o conflito é universal e essencial na sociedade, sendo até mesmo desejado.

A fonte do conflito encontra-se na distribuição do poder de autoridade nas mãos de poucos, o que geraria uma diferença de interesses que desemboca naturalmente em conflitos. Ao revés do que explica a teoria do consenso, a teoria do conflito explica que a sociedade se mantém coesa não por consenso, apenas em função de coerção. Por

---

[87] *Ibidem*, p. 23.

decorrência, como todo e qualquer conflito conduz a mudanças, que são verificadas no tecido social, é um modelo eminentemente dinâmico. Valendo-se da lição sempre precisa de Smanio:

> A criminologia de conflito caracteriza-se por privilegiar os modelos institucionais, principalmente o econômico, e a forma como esses modelos propiciam a distribuição da criminalidade. Sustenta que a lei penal e seu processo são problemáticos e devem ser estudados de modo a determinar como ela é formada, ou seja, qual sua gênese, e quem é e como é processado como delinquente, ou seja, qual o processo de aplicação da lei.[88]

Tendo em conta um cenário assim desenhado, o Direito Penal e o Direito Processual Penal servem apenas de instrumento de manipulação da classe social dominante, que controla o exercício de poder, visando que suas concepções e impondo seus valores aos grupos oponentes. Nessa linha de argumentação, a criminalização e a persecução penal são delineadas pelas condutas típicas das classes inferiores (luta de classes), que transgridem os interesses dos grupos dominantes (classe abastada), com o objetivo de manter os privilégios que sustentam ao longo da história. Temos como exemplos do modelo conflito as teorias do *labelling aprouch* (etiquetamento ou rotulação) e a teoria crítica ou radical, ambas fruto das ideias de Karl Marx.

---

[88] *Ob. cit.*, p. 24.

VITIMOLOGIA

> "Os traços constitutivos da vítima são: sofrimento e injustiça".
> Edgar de Moura Bittencourt.

5.1 Considerações preliminares

Na lição de escol de Antônio Scarance Fernandes, a palavra "vítima":

> Derivaria de "vincere", que significa atar, ligar, referindo-se aos animais destinados aos sacrifícios dos deuses após a vitória na guerra e que, por isso, ficavam vinculados, ligados, atados a esse ritual, no qual seriam vitimados. Adviria o vocábulo de "vincere", que tem o sentido de vencer, ser vencedor, sendo vítima o vencido, o abatido... Exprime quando ente vivo que, por ação de outrem, por ato dele próprio, ou ainda por acidente ou fato de natureza, sofre qualquer espécie de dano. Até mesmo a coisa danificada pode ser considerada vítima.[89]

Na criminologia moderna, um dos pilares centrais é a vítima, além dela o crime, o criminoso e o controle social são preocupações constantes de todos os crimonólogos. Obviamente, o direito penal traz um papel relevante para a figura da vítima, muito embora ela não pode ser confundida com o sujeito passivo do crime.

Contudo, é somente no ano de 1956, com o advogado Benjamin Mendelson, que confere especial relevância aos estudos sobre a vítima, bem como as causas e os efeitos sobre a vítima, é que a vitimologia

---

[89] FERNANDES, Antonio Scarance. *O papel da vítima no processo criminal*. São Paulo: Malheiros, 1995. p. 31.

brotou com essa nomenclatura e dentro de um contexto de disciplina criminológica.

Entrementes, em meio a uma política de exacerbação punitiva no Brasil, nos anos 90 do século passado, surge a lei que regula os juizados especiais, e, entre outras medidas progressistas, "redescobre" a vítima como protagonista passivo do fenômeno sociocriminal, que deve ter seus danos valorados e ressarcidos dignamente, atribuindo-lhe extraordinária importância, tornando obrigatória a obrigação de reparar o dano em relação à composição penal.

Enfim, finalmente o Direito Penal volta suas atenções para a esquecida vítima, pois como destacam Garcia-Pablos e Luiz Flávio, "o crime é visto como mero enfrentamento entre o seu autor e as leis do Estado, esquecendo-se que em sua base há, em geral, um conflito humano que gera expectativas outras bem distintas e além da mera pretensão punitiva estatal".

5.2 Conceito de vitimologia e seus desdobramentos

Em suma-síntese, a vitimologia é o estudo da vítima e sua importância no cenário construído no fenômeno criminal. Este ramo da criminologia ganhou projeção com os estudos de Benjamin Mendelsohn, que entendeu que a vítima não poderia continuar a ser tratada como mero coadjuvante do evento criminal. Estava coberto de razão.

Segundo o conceito de Mendelsohn, citado por Valter Fernandes e Newton Fernandes, a Vitimologia é: "a ciência que procura estudar a personalidade da vítima sob os pontos de vista psicológico e sociológico na busca do diagnóstico e da terapêutica do crime e da proteção individual e geral da vítima".[90]

Para Mendelsohn, o pai da vitimologia, considera que a vítima: "é a personalidade do indivíduo ou da coletividade na medida em que está afetada pelas consequências sociais de seu sofrimento, determinado por fatores de origem muito diversificada: físico, psíquico, econômico, político ou social, assim como do ambiente natural ou técnico".

Para se ter uma ideia da importância da vitimologia, escreve Edgar de Moura Bitencourt:

---

[90] FERNANDES, Newton; FERNANDES, Valter. *Criminologia Integrada.* 2. ed. São Paulo: Revista dos Tribunais, 2002. p. 544.

A vitiminologia poderá enquadrar-se no terceiro bloco, e é construída sob três planos constitutivos. O *plano primordial* é bio-pisco-social; a vítima é estudada face a face com todos os fatores que a possam tornar vítima. Este plano compreende, na mesma medida, tanto os casos em que se encontra uma outra pessoa, o delinquente, formando com este uma dupla pela respectiva participação, como os casos em que outra pessoa não intervêm e a dupla não existe, sendo a vítima independente, como nos acidentes de circulação (sem autor do evento) e nos acidentes do trabalho, nos quais a vítima é vítima de seus próprios atos. O *plano criminológico*, sobre o qual o problema da personalidade da vítima está em relação bio-psico-social somente com o conjunto de problemas da criminalidade, nos aspectos terapêutico e profilático-vitimal. Finalmente, o *plano jurídico*, que considera a vítima em relação com a lei, seja a lei penal, quando há um delinquente, seja a lei civil, quando há uma demanda de reparação.[91]

No Brasil, segundo pesquisa realizada recentemente pelo INSPER, chegou-se aos seguintes resultados em relação da vitimização: "Em 2023, a Pesquisa de Vitimização adicionou perguntas que permitem ao entrevistado que foi vítima de algum tipo de agressão relatar se o motivo da agressão foi ideológico ou não. Observamos que cerca de 0.9% dos entrevistados relataram ter sofrido algum tipo de agressão física por motivos ideológicos e 4.9% (456 mil pessoas na cidade) sofreram agressão verbal pelo mesmo motivo. A taxa de agressão física que teve motivação ideológica foi de 22.6%, já a taxa de agressão verbal que teve motivação ideológica foi de 15.3%.

Com as novas perguntas sobre discriminação adicionadas na edição de 2023, a Pesquisa de Vitimização mostra que a taxa de discriminação foi de 6.1% entre os entrevistados (representando 568 mil pessoas) e que a discriminação racial é o maior motivo pelos quais as pessoas são discriminadas".

5.3 Vítima, sujeito passivo e sujeito prejudicado do delito

Não se pode confundir vítima e o sujeito passivo ocasional, material e específico em cada crime. Sujeito passivo é quem sofre a lesão do bem jurídico de que é titular. Como nos ensina Scarance: "Quando é

---

[91] BITTENCOURT, Edgard de Moura. *Vítima*. 2. ed. São Paulo: Universitária de Direito, 1978. p. 46.

feita referência à vítima, não se leva em conta o sujeito passivo constante, genérico, ou seja, o Estado, mas o sujeito passivo eventual, aquele que em cada crime, é objeto de especial proteção do legislador".[92]

Então, o conceito de vítima pressupõe uma noção mais alargada que congrega tanto situações em que existe crime como outras que não há a ocorrência do fenômeno criminal. Esclarecida a questão, em existindo crime há uma confluência na mesma pessoa do sujeito passivo e da vítima. Para ilustrar bem a questão, o suicídio é objeto de estudo da criminologia, mas é um indiferente penal, pois não se pune a autolesão no direito penal. Mas a pessoa pode ser vítima de suicídio, e, visando desestimular essa conduta, a criminologia pode propor meios de integração social ao fenômeno. Como não há crime, não há sujeito passivo. A vitimologia tem seu objeto de estudo num espectro mais amplo que o Direito Penal.

Estudo interessante, realizado na década de 2002-2012, revela que o Brasil aparece na média mundial de suicídio. Entre as capitais, o crescimento das taxas de suicídio entre jovens foi observado maior crescimento em Salvador (98,8% de crescimento), João Pessoa (76,8% de crescimento e Manaus (65,5%).[93] Aqui existe vítima, mas não há sujeito passivo.

Lembro-me que no caso de furto de uso, que é um fato atípico, existe uma vítima resultante do comportamento desviante (a pessoa que teve seu veículo subtraído para que o investigado usasse momentaneamente e devolvesse em perfeitas condições). Não tem sujeito passivo porque não há crime. De igual modo, aplicação do princípio da insignificância e do aborto culposo, em ambas as situações, não há sujeito passivo, mas tem vítima.

O sujeito passivo não corresponde necessariamente ao sujeito prejudicado. Este é o titular do direito à indenização civil, à reparação do dano causado por um ato civil. Esclarece esse ponto de forma singular Scarance:

> Pode, contudo, a mesma pessoa ser sujeito passivo e sujeito prejudicado. Isso acontece quando, em decorrência de um fato criminoso, o sujeito passivo tenha sofrido lesão e, pelos termos da lei civil, possa pleitear a reparação do dano. Se o proprietário ao ser enganado entrega bem a ele

---

[92] *Ibidem*, p. 47.
[93] MENDES, André Trigueiro. *Viver é a melhor opção*. 4. ed. São Bernardo do Campo/SP: Correio Fraterno, 2018. p. 25.

pertencente, será sujeito passivo principal de um crime de estelionato, mas também o prejudicado pela ação delituosa se a coisa não for recuperada; se o credor, cometendo crime de exercício arbitrário das próprias razões, para satisfazer o seu crédito retira dinheiro da mesa de trabalho do devedor, este, sujeito passivo secundário, será o prejudicado.[94]

Todavia, uma mesma pessoa pode ser o sujeito passivo do crime e ser o prejudicado, em face da lei civil permitir a indenização pelo dano sofrido. Porém, essa coincidência pode não ocorrer, por exemplo, no caso de um homicídio, em que a vítima é aquela que sofreu o ataque e morreu, mas o sujeito prejudicado que poderá pleitear a indenização civil é seu cônjuge, ascendente, descendente ou seu irmão – art. 31 do CP.

Em sendo assim, pode-se definir vítima como sendo toda pessoa física ou jurídica e ente coletivo prejudicado com a conduta delitiva, seja por ação ou omissão, desde que o ato lesivo configure uma transgressão a um direito fundamental.

O Código de Processo Penal não define vítima e não tem rigor terminológico, utilizando as palavras vítimas, ofendido, pessoa ofendida e lesado. No entanto, Scaranze Fernandes demonstra algumas conclusões:

> 1) A palavra vítima aparece com o significado de vítima penal e não como sujeito da relação jurídico-processual. Assim, nos arts. 118, III;240, §1º, g; e no art. 458, *caput*, todos do CPP.
> 2) No sentido processual de vítima, o Código usa os termos ofendido e pessoa ofendida: arts. 5, *caput*, e II; 6, IV; 14; 19; 24, *caput* e parágrafo único; 140; 142; 373; 526; 529, e 598, todos do CPP.[95]

5.3.1 Posições da vítima no processo penal

Malgrado respeitáveis entendimentos em sentido contrário, a vítima assume no processo penal moderno um papel de protagonismo, não se encaixando mais na capa de mera coadjuvante de outrora, conforme ressalta Scarance Fernandes:

> Não se pode manter mais uma visão meramente abstrata de vítima, considerada um mero sujeito passivo do delito, forçado a colaborar com a justiça criminal. É ela, antes de tudo, um sujeito de direitos que

---

[94] *Ibidem*, p. 48.
[95] *Ob. cit.*, p. 50.

deve ter no processo meio de defendê-los de maneira concreta e eficaz, sejam direitos ligados a interesses civis e criminais, seja mesmo direito à tranquilidade, à sua vida privada, à sua intimidade.[96]

Em sendo assim, a vítima pode assumir as seguintes posições no processo penal:

a) Representação da vítima como condição de procedibilidade: ação penal pública condicionada – a ação penal pública vem prevista no art. 24 do CPP onde se verifica que o dono da ação penal, ou seja, o Ministério Público, somente poderá propor a ação se estiverem satisfeitas as condições de procedibilidade aí estipuladas, entre elas a representação do ofendido, ou de seu representante legal;

b) Vítima como titular da ação penal exclusivamente privada (princípio da oportunidade ou da conveniência) ou da subsidiária, embora o *ius puniendi* sempre seja do Estado, e algumas hipóteses ele transfere à vítima o direito de acusar (*ius acusationis*), tendo em vista a predominância do interesse público sobre o estatal;

c) Assistência: uma das mais relevantes participações da vítima no processo penal é como assistente de acusação (arts. 268 a 273 do CPP);

d) Vítima como meio de prova: o CPP trata das declarações colhidas em separado, em seu art. 201 do CPP, dando destaque à prova produzida por esse meio, ainda mais nos crimes contra a liberdade sexual. O valor de seu depoimento deve ser dado pelo juiz, de acordo com o princípio da livre apreciação da prova, mas é grande valor, muito embora não preste compromisso de dizer a verdade, não respondendo por eventual crime de falso testemunho, muito embora possa responder pelo crime de denunciação caluniosa;

---

[96] *Ob. cit.*, p. 56. Para proteção da vítima, foi alterado o art. 201 do Código de Processo Penal, com a seguinte redação conferida pela Lei 11.690/2008: "Art. 201. Sempre que possível, o ofendido será qualificado e perguntado sobre as circunstâncias da infração, quem seja ou presuma ser o seu autor, as provas que possa indicar, tomando-se por termo as suas declarações. §1º Se, intimado para esse fim, deixar de comparecer sem motivo justo, o ofendido poderá ser conduzido à presença da autoridade. §2º O ofendido será comunicado dos atos processuais relativos ao ingresso e à saída do acusado da prisão, à designação de data para audiência e à sentença e respectivos acórdãos que a mantenham ou modifiquem. §3º As comunicações ao ofendido deverão ser feitas no endereço por ele indicado, admitindo-se, por opção do ofendido, o uso de meio eletrônico. §4º Antes do início da audiência e durante a sua realização, será reservado espaço separado para o ofendido. §5º Se o juiz entender necessário, poderá encaminhar o ofendido para atendimento multidisciplinar, especialmente nas áreas psicossocial, de assistência jurídica e de saúde, a expensas do ofensor ou do Estado. §6º O juiz tomará as providências necessárias à preservação da intimidade, vida privada, honra e imagem do ofendido, podendo, inclusive, determinar o segredo de justiça em relação aos dados, depoimentos e outras informações constantes dos autos a seu respeito para evitar sua exposição aos meios de comunicação".

e) Com o advento do Pacote Anticrime, o crime de estelionato passou a ser crime de ação penal pública condicionada à representação da vítima – art. 171, §5º, do Código Penal Brasileiro.

5.3.2 Vitimologia feminista

Merecem atenção especial as vítimas do gênero feminino, principalmente nos crimes praticados por homens contra a liberdade sexual feminina. Nesse contexto, é ponto pacífico que deve ser conferida maior credibilidade às suas declarações, pois se trata dos crimes que ocorrem entre quatro paredes, com maior dificuldade de acesso às informações mais precisas sobre o ocorrido. Ademais, ganha relevo as vítimas mulheres em contexto de violência doméstica.

No sentido acima propugnado, cito o magistério do nobre Lélio Braga Calhau: "Não restam dúvidas de que as mulheres representam um grupo de vítimas especiais e que merecem um tratamento mais eficiente e digno por parte do moderno Direito Penal".[97]

Em passagem memorável, a Biblia, no livro de Daniel, capítulo 13, traz a conhecida parábola "Susana e os velhos" ou Susana e o julgamento de Daniel. Susana era uma mulher eminentemente virtuosa e casada com um homem de prenome Joaquim. Devo lembrar que Susana vivia num ambiente eminentemente masculino e patriarcal. Dois homens de idade, que a Bíblia considerava como sábios, espionaram-na e viram Susana se banhando, momento que queriam chantageá-la, ameaçando denunciar que ela teria um caso com um homem mais jovem, caso ela não se deitasse com eles. Adultério provoca a pena de morte na Bíblia por apedrejamento. Embora tenha sido condenada, Daniel interroga novamente os homens em separado e descobre a verdade, em seguida absolvendo Susana. Susana é inocente e derrota esses homens de idade, que poderiam ser os representantes da sabedoria e da experiência, mas emulam o fato e são apenas mentirosos. Mostra o equilíbrio e a justiça no julgamento do profeta Daniel.

Nessa situação bíblica, que é uma mensagem de sabedoria, tem-se a clarividência de que Susana foi condenada e colocada na posição de criminosa, quando na verdade era vítima de dois homens destituídos de caráter e caluniadores, que seriam os verdadeiros criminosos. Fatos como esse não podem se repetir na era do mundo digital.

---

[97] CALHAU, Lélio Braga. *Vítima e Direito Penal*. 2. ed. Belo Horizonte: Mandamentos, 2003. p. 60.

5.4 A dupla penal – delinquente-vítima

Na Idade Média não existia a diferenciação entre o crime doloso e culposo, excludentes de culpabilidade como o desenvolvimento mental retardado ou incompleto. Todo o julgamento era pautado no olho por olho, dente por dente bíblico, de acordo com os ditames da vítima.

A dupla-penal é expressão criada por Mendelsohn, com a humanização e racionalização do direito penal, quando o dolo e a culpa são incorporados na conduta, com isso existindo diferenciação na quantidade da pena e demais consequências decorrentes, como nos explica Edgar de Moura Bittencourt:

> Analisada à luz dos elementos que a vitimologia possa apresentar, essa relação delinquente-vítima é muito importante para o exame do dolo e da culpa do agente. Por ser delinquente o ponto principal na apuração da ocorrência criminal, não pode permanecer apenas na dissecação exterior dos fatos e circunstâncias que se reveste a infração, obrigando o exame também da possível e eventual culpa da vítima, ou de sua participação inconsciente no delito, sem a qual este poderia inexistir ou assumir inexpressiva relevância.[98]

A vítima pode exercer o papel responsável único pelo delito ou de sua coadjuvação involuntária na caracterização do evento criminoso. São verificações que poderão interferir na própria classificação em abstrato do delito, na comprovação do crime e na aplicação da respectiva pena.

Com o desenvolvimento da ciência vitimológica, aspectos de ordem psíquica ou psicológica que incidem sobre aqueles que sofrem as consequências do delito passaram a ter importância. Em outros tempos, somente o criminoso era o foco das pesquisas e observações dos criminólogos e juristas. Contudo, hodiernamente, a vítima ganhou os olhares no âmbito do Direito Penal e da própria criminologia com o advento do Pacote Anticrime (Lei nº 13.964/2019), que entrou em vigor em 22 de janeiro de 2020, *vacatio legis* de 30 (trinta) dias. Com a criação do instituto do acordo de não persecução penal, tem como um dos requisitos a reparação do dano ou a restituição da coisa, salvo na impossibilidade de fazê-lo, bem como a confissão formal e circunstancial da prática da infração penal, recolocando a vítima como protagonista

---

[98] *Ibidem*, p. 37.

no cenário criminal. Confira-se o art. 28-A, *caput* e inciso, do Código de Processo Penal.

5.5 As vítimas autênticas

De acordo com estudos desenvolvidos pela criminologia ao longo do tempo, algumas pessoas possuem maior facilidade, de acordo com seu temperamento, caraterísticas da personalidade e modos de se conduzir, para serem vítimas dos mesmos crimes, para reincidirem, facilitando a ação do criminoso, e se vitimarem em situações lesivas similares. Como que por vocação irrefreável para adquirirem o *status* de vítimas em seu percurso pelas relações sociais (denominadas "vítimas natas"). Por exemplo: vigias de bancos e supermercado; os médicos que no exercício da profissão estão a todo o tempo sujeitos a uma grande variedade de imputações e denunciações maliciosas; os policiais sempre à beira de riscos iminentes.

Numa visão estigmatizada, tem-se o exemplo dos idosos, que pela dificuldade ambulatorial, quer em função de enfermidades aliadas à senilidade – física e psíquica, oferecem maiores facilidades aos ladrões e aos estelionatários, estão mais suscetíveis aos crimes de furto, roubo e estelionato.

5.6 Tipos de vítima e sua classificação

Partindo basilarmente das premissas da receptividade vitimal, do determinismo vítima subconsciente e predisposição vitimal, a Vitimologia estudará sob os aspectos jurídico e criminológico.

5.6.1 Na classificação forjada por Benjamin Mendelsohn, temos que a vítima pode ser:

5.6.1.1 Vítima ideal (ou completamente inocente)

É aquela que em nada contribui para a ocorrência da conduta delituosa. Exemplo: um trabalhador que é assaltado e tem sua carteira roubada, sem que estivesse ostentando qualquer bem ou, de alguma forma, chamando a atenção. Vítima do crime de terrorismo e vítima de bala perdida.

5.6.1.2 Vítima de culpabilidade menor do que o delinquente (ou vítima por ignorância)

Trata-se da vítima que contribui para a ocorrência do delito, embora não haja um direcionamento doloso para isso. Exemplo: rapaz que anda sozinho à noite na Central do Brasil; vítima ostentando um objeto de valor (celular de R$7.000,00) e acaba sendo assaltada e sofrendo um roubo. Vítima de estupro de roupas provocantes, claro que não justifica o crime do delinquente. Entretanto, pode servir de circunstância favorável na fixação da pena, de acordo com o art. 59 do Código Penal.

5.6.1.3 Vítima tão culpada quanto o infrator (ou voluntária)

Trata-se da vítima que contribui para o delito em grau semelhante ao do próprio infrator. O exemplo clássico são vítimas de estelionato (ato bilateral – a vítima enganada entrega o bem ao criminoso).

5.6.1.4 Vítima mais culpada que o infrator

Aqui nós temos a figura da vítima que dá causa, que provoca a ação do infrator. Exemplo: a vítima que mata o filho do vizinho e acaba sendo por ele assassinada. Casos de homicídio e lesão corporal privilegiados (após injusta provocação da vítima).

5.6.1.5 Vítima como única culpada

Classificam-se em: vítima infratora (aquela que se torna vítima por ter praticado um delito prévio), vítima simuladora (aquela que simula a ocorrência de um delito para gerar uma acusação em face de alguém) e vítima imaginária (por um problema psicológico, acredita que foi vítima de crime, quando não foi). Exemplos: é o caso da vítima da roleta-russa; sujeito embriagado que se atirar sobre o veículo em rodovia movimentada (suicídio); aquele que ingere medicamento controlado sem obedecer a posologia do quanto prescrito na bula do remédio.

5.6.2 Segundo os estudos de Luis Jimenez de Asúa, as vítimas podem ser classificadas da seguinte maneira:

Vítima indiferente: é aquela que se pode cognominar de vítima comum, isto é, desconhecida pelos criminosos.

Vítima indefinida ou indeterminada: é a conhecida vítima da sociedade moderna, do desenvolvimento e do progresso científico.

Vítima determinada: é aquela conhecida do agente.

5.7 Vitimologia radical

Deixando de lado uma abordagem exclusiva oriunda da criminogênese e tendo por escopo a proteção da sociedade, alguns doutrinadores, como forma de compensação pela conduta criminosa experimentada pela vítima, propõem um sistema de indenização ao Estado e às vítimas ou seus dependentes, com fulcro a amenizar as consequências catastróficas deixadas pelos delitos e miram conceder uma segunda oportunidade ao criminoso compatível com a sua condição humana, necessária para sua reinserção social exitosa, que, em última perspectiva, seria o cumprimento da pena de indenização ou ressarcimento dos danos sofridos pela vítima. Essa corrente tem ganhado muita força no Brasil nos últimos anos, posição com a qual concordamos.

Nesse panorama, sempre surge a questão da pena de morte para os criminosos mais violentos, deixando de se considerar o quanto propugnado no Texto Constitucional de 1988, bem como do entendimento sedimentado no mundo civilizado pregado por Beccaria, que somente seria possível a pena de morte em tempos de guerra.

5.8 Síndrome de Estocolmo

Um ponto que chama a atenção no estudo da vitimilogia é o fenômeno conhecido como "síndrome de Estocolmo", que nada mais é que o desenvolvimento de laços afetivos entre vítimas de crimes que envolvam privação da liberdade (sequestro, cárcere privado etc.) e seus raptores.

Expressão utilizada por Nils Bejerot, a síndrome se desenvolve a partir de uma técnica de defesa, consistente na tentativa da vítima em conquistar a simpatia do infrator, mas acaba criando laços de afeto. Na série espanhola "A Casa de Papel", tivemos um caso em que a vítima ficou apaixonada pelo sequestrador/personagem "Denver".

5.9 Síndrome de Londres

Outro enfoque que merece atenção é a síndrome de Londres, que concerne ao fato de que os reféns (vítimas do crime de sequestro) passam a contraditar e contra-argumentar os sequestradores, ocasionando com isso uma relação de antipatia, que pode redundar inclusive na morte da vítima.

Em sua gênese, a síndrome de Londres decorreu do fato ocorrido em 1880, na embaixada iraniana, localizada na cidade de Londres. Na oportunidade, seis terroristas árabes-iranianos renderam como reféns a totalidade de 16 (dezesseis) diplomatas e funcionários iranianos, 3 cidadãos britânicos e 1 libanês. Um dos reféns, chamado Abbas Lavasani, passou a estabelecer um relacionamento pautado na intolerância na negociação, pautada pela sua crença religiosa, ao argumento de que não se renderia ao Aiatolá iraniano, motivo pelo qual foi executado.

5.10 Processos de vitimização

Partindo do magistério abalizado de Antonio García-Pablos de Molina e Luiz Flávio Gomes,[99] há três fases na evolução histórica da compreensão da vítima e seu papel:

> a) Protagonismo: deu-se no período da vingança privada. Neste momento histórico, a vítima recebe a incumbência de fazer, ela própria, a Justiça. Nesta primeira fase, denominada "idade de ouro", a vítima comanda o sistema de vingança privada, determinando a punição do infrator. Neste período, a vítima tinha valor preponderante na pacificação dos conflitos. A pena não era proporcional nem razoável.
> b) Neutralização: punição com viés imparcial e preventivo, sem grande preocupação com a figura da vítima e a necessidade de reparação dos danos sofridos. O Estado assume para si o monopólio na aplicação da lei e da punição, passando a vítima a ser mero coadjuvante.
> c) Redescobrimento: surgiu no segundo pós-guerra, como resposta ao processo de vitimização de minorias, dos excluídos, dos mais fracos, pessoas eminentemente vulneráveis, que atingiu diversos

---

[99] MOLINA, Antonio García-Pablos; GOMES, Luiz Flávio. *Criminologia*. 3. ed. São Paulo: Revista dos Tribunais, 2000, p. 504-505.

grupos vulneráveis, como os judeus, por exemplo. Se fortaleceu nos anos 1970/1980 quando houve progresso da psicologia social. Com a redescoberta, a vítima ganha contornos mais humanistas. Prevalece a justiça consensual ou consensuada.

A justiça restaurativa ganha corpo com o advento da Lei nº 9.099/1995. A preocupação é voltada para a reparação dos danos sofridos pela vítima. No mesmo passo, a política criminal aplica a reparação para os crimes de médio potencial ofensivo no Acordo de não persecução penal – ANP. Não se pode olvidar ainda a Lei nº 14.245/2021, que quer evitar a revitimização e a vitimização secundária.

Os impactos da conduta criminal na vida podem ser classificados da seguintes para fins pedagógicos:

a) Vitimização primária: é aquela inerente ao próprio crime, decorre da própria conduta criminosa, como os danos causados pela prática delitiva (lesões corporais, psicológicas etc.);
b) Vitimização secundária: é aquela provocada, direta ou indiretamente, pelo Poder Público, pelas chamadas "instâncias de controle social", quando, na tentativa de punir o crime, acabam por provocar mais danos à vítima (normalmente psicológicos, por ter que relembrar o fato, ter contato com o infrator etc.);
c) Vitimização terciária: é a provocada pelo meio social, causada pela sociedade que envolve a vítima, geralmente pelo afastamento, desamparo dos familiares, dos amigos ou do círculo social da vítima, de um modo geral. Estigmatização social em virtude do crime. Ocorre, com maior frequência, nos crimes que provocam efeitos "estigmatizantes", como o estupro.

É imperioso registrar que, para Paulo Sumariva, há a vitimização indireta e heterovitimização. Nas suas palavras: "Vitimização indireta: é o sofrimento de pessoas intimamente ligadas à vítima de um crime. Aquela que, embora não tenha sido vitimizada diretamente pelo criminoso, sofre com o sofrimento do ente querido." E prossegue: "Heterovitimização: é a autorrecriminação da vítima pela ocorrência do crime através da busca por motivos que, provavelmente, a tornaram responsável pela infração penal. Exemplos: deixar a porta destravada, assinar uma folha de cheque em branco".[100]

---

[100] SUMARIVA, Paulo. *Criminologia*: Teoria e Prática. 6. ed. Nitério: Impetus, 2019. p. 137.

Dentro da perspectiva da vitimização indireta, recorde-se que a Lei nº 14.717/2023 promoveu o ingresso na legislação pátria da possibilidade de pagamento de pensão especial aos filhos menores de 18 anos de mulheres vítimas do crime de feminicídio.[101]

Com o advento da Lei nº 14.994/2024, o feminicídio deixa de ser uma circunstância qualificadora do crime de homicídio e passa a ser um tipo penal autônomo, mas a citada lei de pensão especial se aplica igualmente, pois onde há a mesma razão se aplica o mesmo direito.

5.11 Revitimização

A diferença entre o ilícito civil e o penal é de grau. No ilícito civil há a busca do dano patrimonial sofrido pela vítima. Noutro ângulo, no ilícito penal essa busca vai além. Muitas vezes, além da reparação civil é necessário um tratamento assistencial-social, psicológico e/ou psiquiátrico pelos danos provocados pela conduta delituosa perpetrada pelo

---

[101] Art. 1º É instituída pensão especial aos filhos e dependentes menores de 18 (dezoito) anos de idade, órfãos em razão do crime de feminicídio tipificado no inciso VI do §2º do art. 121 do Decreto-Lei nº 2.848, de 7 de dezembro de 1940(Código Penal), cuja renda familiar mensal per capita seja igual ou inferior a 1/4 (um quarto) do salário mínimo.
§1º O benefício de que trata o caput deste artigo, no valor de 1 (um) salário mínimo, será pago ao conjunto dos filhos e dependentes menores de 18 (dezoito) anos de idade na data do óbito de mulher vítima de feminicídio.
§2º O benefício de que trata o caput deste artigo será concedido, ainda que provisoriamente, mediante requerimento, sempre que houver fundados indícios de materialidade do feminicídio, na forma definida em regulamento, vedado ao autor, coautor ou partícipe do crime representar as crianças ou adolescentes para fins de recebimento e administração da pensão especial.
§3º Verificado em processo judicial com trânsito em julgado que não houve o crime de feminicídio, o pagamento do benefício de que trata o caput deste artigo cessará imediatamente, desobrigados os beneficiários do dever de ressarcir os valores recebidos, salvo má-fé.
§4º O benefício de que trata o caput deste artigo, ressalvado o direito de opção, não é acumulável com benefícios previdenciários recebidos do Regime Geral de Previdência Social (RGPS) ou dos regimes próprios de previdência social, nem com pensões ou benefícios do sistema de proteção social dos militares.
§5º Será excluído definitivamente do recebimento do benefício de que trata o caput deste artigo a criança ou o adolescente que tiver sido condenado, mediante sentença com trânsito em julgado, pela prática de ato infracional análogo a crime como autor, coautor ou partícipe de feminicídio doloso, ou de tentativa desse ato, cometido contra a mulher vítima da violência, ressalvados os absolutamente incapazes e os inimputáveis.
§6º O benefício de que trata o caput deste artigo cessará quando o beneficiário completar 18 (dezoito) anos de idade, ou em razão de seu falecimento, e a respectiva cota será reversível aos demais beneficiários.
§7º O benefício de que trata o caput deste artigo não prejudicará os direitos de quem o receber, relativos ao dever de o agressor ou o autor do ato delitivo indenizar a família da vítima.
Art. 2º O benefício de que trata o art. 1º desta Lei será concedido às crianças e aos adolescentes elegíveis à prestação mensal na data de publicação desta Lei, inclusive nos casos de feminicídios ocorridos anteriormente, sem efeitos retroativos.

criminoso. A vítima pode sofrer um processo emocional cognominado revitimização, isto é, retomar o posto de vítima de novo, reviver todas as agruras do momento da prática do crime.

Segundo os ensinamentos de Paulo Sumariva: "A revitimização divide-se em dois tipos: a) heterovitimização secundária, que decorre da relação com outras pessoas ou instituições; b) autovitimização secundária, que decorre de sentimentos autoimpositivos, decorrentes de sentimentos de culpa inconscientes".[102]

Merece destaque, pela sua importância, o tratamento legal conferido pela Lei nº 13.431/2017, instituída com o propósito de delinear os direitos às crianças e aos adolescentes vítimas ou testemunhas em inquérito policial e processo criminal. Essa lei veio a dar contornos concretos ao art. 227 da Carta Política, que assevera ser dever do Estado assegurar com absoluta prioridade seus direitos.

Com a criação da Lei nº 13.431/2017, a colheita dos depoimentos e das declarações das crianças e dos adolescentes, no âmbito judicial, inclusive na fase investigatória, restou da seguinte forma configurada: 1) escuta especializada: é o procedimento de entrevista sobre situação de violência com criança ou adolescente perante órgão da rede de proteção, limitado o relato estritamente ao necessário para o cumprimento de sua finalidade (art. 7º); 2) Depoimento especial é o procedimento de oitiva de criança ou adolescente vítima ou testemunha de violência perante autoridade policial ou judiciária (art. 8º).

Buscando extrair o preciso conteúdo e alcance da norma, o legislador teve o cuidado de conferir proteção integral a criança e ao adolescente vítima de crime, de uma possível revitimização em razão de sua condição peculiar de pessoa em desenvolvimento, tanto que: "a escuta especializada e o depoimento especial serão realizados em local apropriado e acolhedor, com infraestrutura e espaço físico que garantam a privacidade da criança ou do adolescente vítima ou testemunha de violência" (art. 10).

A Lei nº 13.505/2017, nos arts. 10-A e 12-A, visou evitar a revitimização nos crimes da Lei Maria da Penha. No mesmo sentido, a Lei nº 14.245/2021, que alterou os arts. 400-A e 474-A, do CP.

---

[102] *Ibidem*, p. 137.

5.12 Movimento de retomada da vítima no processo penal

Esse processo de revitimização também ocorre no plano interno, ou seja, dentro da própria vítima, no que se chamou de autovitimização secundária. Nesse processo, a vítima passa a nutrir sentimentos negativos contra si própria, de culpa inconsciente pela ocorrência do delito.

A vítima possui papel relevante, ainda, no CP, como disposto no art. 59, que assim estabelece: "O juiz, atendendo à culpabilidade, aos antecedentes, à conduta social, à personalidade do agente, aos motivos, às circunstâncias e consequências do crime, *bem como o comportamento da vítima*, estabelecerá, conforme seja necessário e suficiente para reprovação e prevenção do crime" (grifo nosso).

Ponto luminoso que chama a atenção é que o tipo de vítima, especificamente na classificação de Mendelsohn, irá exercer grande influência no momento da fixação da pena base por parte do órgão julgador, podendo gerar, em alguns casos, a atipicidade da conduta (nos crimes em que a discordância da vítima é exigida) ou a exclusão da ilicitude, dentre outros reflexos.

Diante destes processos de vitimização, clamo por especial atenção a **vitimização secundária e a terciária** (provocadas pelas agências de controle e pela sociedade, respectivamente), que colaboram para que a vítima acabe se desestimulando no processo de busca pela punição ao infrator, muitas vezes desestimulando o noticiamento do fato à autoridade competente, acarretando no aumento das conhecidas "cifras negras", isto é, infrações penais que não ingressam nas estatísticas oficiais, camuflando os dados estatísticos na adoção de soluções viáveis para os problemas criminais, incidindo diretamente em política criminais equivocadas.

5.13 Exame vitimológico

Também é imperioso ressaltar que, na ilustração até aqui proposta, o autor Edmundo Oliveira propõe a realização do exame vitimológico, visando conferir segurança ao magistrado e as partes no julgamento da causa em relação ao comportamento da vítima, bem como conhecimento de sua vida pregressa.

Sendo coerente com o paradigma, define o citado autor: "Conceituando o exame vitimológico, ele tem por finalidade pesquisar os fatores relacionados aos precedentes pessoais, familiares e sociais, sob os aspectos físico-psíquico, psicológico, social e ambiental, para a obtenção de dados indicadores do temperamento e do caráter que formam a personalidade da vítima e podem revelar a existência de determinado grau de perigosidade. A identificação da conduta portadora de tendência para precipitar o crime torna necessária uma avaliação globalizante dos aspectos personalíssimos da vítima, com endereço à prática autêntica, a uma casuísta real, que permita melhor orientação à decisão judicial".[103]

De lege ferenda, trata-se de importante instrumento probatório para mensurar os danos causados físicos e psicológicos causados na vítima em virtude da prática delitiva, sendo de bom alvitre a inserção no capítulo das provas do Código de Processo Penal a incidência do exame vitimológico, servindo de parâmetro para o livre convencimento do magistrado para os casos submetidos à sua apreciação, inclusive, na fixação do *quantum* indenizatório como requisito da sentença penal condenatória, conforme estatuído no art. 387, inciso IV, do Código de Processo Penal – CPP, devendo constar esse requisito como indispensável desde a abertura do Inquérito Policial, visando à preservação dos melhores interesses da vítima, sugerindo a inclusão dentre as diligências investigatórias do art. 6º, inciso IV, do CPP, ouvir o ofendido e a juntada do exame vitimológico.

Qual o objeto do exame vitimológico? Estudo da personalidade da vítima, tanto da vítima de delinquente, ou vítima de outros fatores, bem como suas inclinações subconscientes, através de um exame de acompanhamento psiquiátrico ou psicológico, dependendo do grau.

Em segundo plano, esclarecimentos pelo perito dos elementos psíquicos do contexto criminógeno, envolvendo a relação bilateral da vítima e criminoso, aferindo "o potencial de receptividade vitimal". Importante esclarecer no exame a resistência da vítima à conduta delituosa do infrator.

---

[103] OLIVEIRA, Edmundo. *Vitimologia e Direito Penal*: O crime precipitado pela vítima. 2. ed. Rio de Janeiro: Forense, 2001. p. 89.

EXAME CRIMINOLÓGICO

> *"Em toda sociedade, qualquer que seja ela, simples ou complexa, pouco importa – tomo todas em bloco aqui –, há sempre uma categoria de indivíduos que são posto à parte; e esses indivíduos não são considerados nem tratados como criminosos, nem considerados nem tratados exatamente como os doentes, tampouco são tratados ou considerados como personagens sagrados. No entanto, eles se parecem um pouco com os criminosos, com os doentes, com os personagens sagrados, mas seu status é diferente... Vocês têm uma certa categoria de pessoas que têm certo nome; e esse nome é o dos bengwar – enfim, pouco importa – e quando se pergunta às pessoas dessa sociedade: 'Mas o que são os bengwar?', elas não conseguem dar como definição mais do que: 'São pessoas que não agem como as demais.' Um título surpreendente, um título que designa bem um pouquinho do status estranho desses indivíduos denominados loucos".*
> Michel Foucault. *Loucura, linguagem, literatura,* p. 51.

6.1 Conceito

Dentro de uma perspectiva da criminologia clínica, o exame criminológico possui um lugar de destaque ao estudar a personalidade do criminoso, bem como sua capacidade para a prática do delito, o grau de sua periculosidade, além dos efeitos das penas e corresponde probabilidade de correção sobre o comportamento do infrator. A necessidade de elaborar o exame criminológico é instrumentalizar o juiz no julgamento de uma causa, sobre o ser humano que delinquiu, e encontrar meios de ressocializá-lo.

De início, registro que no Brasil o exame criminológico deixou de ser obrigatório, sendo uma faculdade do juiz, com o advento da Lei nº 10.792/2003. Ao invés de aprimorar um sistema que nunca foi utilizado em sua inteireza, de grande utilidade para um bom julgamento, a lei tornou facultativo o exame criminológico, algo que nunca foi uma realidade concreta nos fóruns e Tribunais do Brasil, assim como quase toda a lei de execução penal, que esse ano comemora seus 40 anos de vigência. Outro equívoco é que somente é possível para o regime fechado.

O exame criminológico é o principal instrumento pelo Poder Judiciário de mensuração do conhecimento do ser humano de forma científica, dimensionando aspectos da personalidade, da interação social, da periculosidade, da imputabilidade, constituindo o que denominamos de Criminologia Clínica.

Para J. W. Seixas Santos, o exame criminológico é: "o conjunto de exames e pesquisas de natureza biopsicossocial do homem que delinquiu e para se obter o diagnóstico de personalidade criminosa e se fazer o prognóstico; tal exame revelará, sem disfarces, a verdadeira dimensão da personalidade do criminoso, descobrindo-se sua intimidade psíquica".[104]

Considero de suma importância que a prática criminal possa ser objeto de análise científica especializada, de forma transdisciplinar, devendo os investigados e condenados serem submetidos ao exame criminológico. É imperioso frisar que, na confecção do exame, sejam seguidos os parâmetros das ciências biológicas e psicológicas para se mensurar com a maior precisão possível a personalidade humana, detectando-se possíveis doenças, indicando de forma imprescindível o CID correspondente.

Um olhar retrospectivo dimensiona a prudência no tratamento do ser humano. Em sendo assim, o exame criminológico deve se pautar em identificar patologias que assolam a alma humana, bem como fatores deflagradores do ambiente social vivido, diagnosticando com precisão os aspectos morfológico, funcional, psicológico e psiquiátrico do indivíduo e social.

De forma minuciosa, Fernandes e Fernandes descrevem com precisão do que é composto esse exame: "O exame criminológico compõem-se de uma série de análises, pois através dele tem que se chegar a uma visão pluridimensional da personalidade do autor do delito. Para tanto participam desse exame um grupo de profissionais, que além da

---

[104] SANTOS, J. W. S. *Síntese expositiva de criminologia*. Rio de Janeiro: Livraria Jurid Vellenich Ltda., 1972.

sua formação específica, precisam de ter um bom conhecimento de criminologia clínica. Sendo irretorquível que a criminologia é uma ciência interdisciplinar e pluricurricular, há de ser exercida por uma equipe formada por diversos profissionais de várias áreas do saber humano. Assim é, que integram essas equipes, o psicólogo, o assistente social (ou sociólogo), o médico, o advogado, que constituem numa equipe mínima necessária a ofertar um trabalho, que efetivamente venha a produzir o resultado almejado, que é de conhecer o perfil completo do indivíduo examinado. As fases constitutivas desse exame criminológico são: os exames clínicos-psiquiátricos e psicológicos e mais a investigação social, que deverão ao final oferecer um diagnóstico, um prognóstico e se for o caso, a recomendação de tratamento. 'Um bom diagnóstico é metade do tratamento' dizia Young".[105]

Numa fase preliminar de observação criminológica, o exame criminológico deve filtrar informações sobre o investigado ou suspeito da prática de um crime, ou seja, se é primário, portador de bons antecedentes sociais ou mesmo reincidente, se possui contra si alguma decretação de medida de segurança, se já foi alguma vez encarcerado e por qual motivo. Em caso positivo, qual o estabelecimento prisional em que foi levado ao ergástulo e durante quanto tempo.

De toda sorte, é conveniente se averiguar se o indivíduo praticou a conduta delituosa sozinho ou em concurso de agentes. É de todo recomendável proceder a uma pesquisa detida se a conduta delituosa incidiu num tipo penal simples ou qualificado, bem como se há a incidência de circunstâncias agravantes ou atenuantes.

6.2 Tipos de exame criminológico

Num cenário em que o fator determinante é a realização de um laudo pericial, em que o perito deve ser especializado na área de atuação da perícia,[106] a confecção do laudo pericial deve apresentar as seguintes

---

[105] FERNANDES, Newton; FERNANDES, Valter. *Criminologia Integrada*. 2. ed. São Paulo: Revista dos Tribunais, 2002. p. 246.
[106] AGRAVO REGIMENTAL NO *HABEAS CORPUS* – PEDIDO DE SALVOCONDUTO – PLANTIO DE MACONHA PARA FINS MEDICINAIS – POSSIBILIDADE – AUTORIZAÇÃO PARA IMPORTAÇÃO DO MEDICAMENTO CONCEDIDA PELA ANVISA E PRESCRIÇÃO MÉDICA RELATANDO A NECESSIDADE DO USO – INSURGÊNCIA DO MINISTÉRIO PÚBLICO ESTADUAL – ESPECIALIDADE DO MÉDICO PRESCRITOR – QUESTÃO ALHEIA AOS LIMITES DE COGNIÇÃO DO *HABEAS CORPUS* – QUANTIDADE AUTORIZADA PARA O CULTIVO – NECESSIDADE DE ADEQUAÇÃO AOS DITAMES FIXADOS EM CASOS SIMILARES – AGRAVO REGIMENTAL PARCIALMENTE PROVIDO – 1- Hipótese

partes: preâmbulo, quesitos, histórico, descrição ou exposição, discussão, conclusões e respostas aos quesitos. Infelizmente, na prática cotidiana, muitos laudos não respeitam tais requisitos formais, principalmente na parte conclusiva e nas respostas objetiva aos quesitos.

---

em que o Agravado buscou a permissão para importar sementes, transportar e plantar Cannabis para fins medicinais, sob a afirmação de ser indispensável para o controle de sua enfermidade. 2- Considerando que o art. 2º, parágrafo único, da Lei nº 11.343/20006, expressamente autoriza o plantio, a cultura e a colheita de vegetais dos quais possam ser extraídas substâncias psicotrópicas, exclusivamente para fins medicinais, bem como que a omissão estatal em regulamentar tal cultivo tem deixado pacientes sob o risco de rigorosa reprimenda penal, não há como deixar de reconhecer a adequação procedimental do salvo-conduto. 3- À luz dos princípios da legalidade e da intervenção mínima, não cabe ao Direito Penal reprimir condutas sem a rigorosa adequação típico-normativa, o que não há em tais casos, já que o cultivo em questão não se destina à produção de substância entorpecente. Notadamente, o afastamento da intervenção penal configura meramente o reconhecimento de que a extração do óleo da cannabis sativa, mediante cultivo artesanal e lastreado em prescrição médica, não atenta contra o bem jurídico saúde pública, o que não conflita, de forma alguma, com a possibilidade de fiscalização ou de regulamentação administrativa pelas autoridades sanitárias competentes. 4- Comprovado nos autos que o Agravado obteve autorização da Anvisa para importação do medicamento canábico, e juntada documentação médica que demonstra a necessidade do uso do óleo extraído da Cannabis para o tratamento do quadro clínico do Agravado, há de ser concedida a medida pretendida. 5- *Verifica-se a regular habilitação do médico responsável pelo tratamento do Agravado perante o órgão fiscalizador do exercício da profissão, conforme destacado pelo Ministério Público nas razões do presente recurso. Dessa forma, a questão afeta à área de especialização do médico remonta a um tema que escapa dos preceitos da presente via.* Aliás, ao tratar dessa específica questão no emblemático julgamento do REsp nº 1.972.092/SP, relator Ministro Rogerio Schietti Cruz, estabeleceu a Sexta Turma: "[e]m acréscimo, faço lembrar que, por ocasião do julgamento do Tema nº 106 dos Recursos Repetitivos, este Superior Tribunal decidiu que o fornecimento de medicamentos por parte do Poder Público pode ser determinado com base em laudo subscrito pelo próprio médico que assiste o paciente, sem necessidade de perícia oficial. Basta, para tanto, que haja "Comprovação, por meio de laudo médico fundamentado e circunstanciado expedido por médico que assiste o paciente, da imprescindibilidade ou necessidade do medicamento, assim como da ineficácia, para o tratamento da moléstia, dos fármacos fornecidos pelo SUS" (EDcl no REsp nº 1.657.156/RJ, Rel. Ministro Benedito Gonçalves, 1ª S., DJe 21/9/2018). "(fl. 25 do voto condutor do acórdão). 6- No que se refere à quantidade autorizada para o cultivo com fins medicinais, após melhor análise do caso, verifica-se que, de fato, a autorização de importação concedida pela Anvisa e o receituário fornecido pelo médico do Paciente não indicam o número de plantas necessárias para a extração do fármaco. E conforme pontuado pelo Agravante, a quantidade cujo plantio se pretende, ao ser analisada com a perspectiva do tratamento dado ao tema no âmbito desta Corte em situações similares, mostra-se díspare. 7- Com o objetivo de adequar e uniformizar o tratamento do tema, porque não verificada situação excepcional, adequado fixar a diretriz estabelecida pela Sexta Turma no julgamento do RHC nº 147.169/SP, Relator Ministro SEBASTIÃO REIS JÚNIOR, de modo a autorizar "o cultivo de 15 mudas de *Cannabis sativa* a cada 3 meses, totalizando 60 por ano, para uso exclusivo próprio, enquanto durar o tratamento, nos termos de autorização médica, que será atualizada anualmente, que integra a presente ordem, até a regulamentação do art. 2º, parágrafo único, da Lei nº 11.343/2006". 8- Agravo regimental do Ministério Público do Estado de Minas Gerais provido em parte. (STJ – AgRg-HC 779634/MG – (2022/0337957-2) – 6ª T. - Relª Minª Laurita Vaz - DJe 05.10.2023) (grifei e destaquei).

No preâmbulo deve constar necessariamente o nome, título e residência dos peritos, nome da Autoridade que determinou o exame, local, dia e hora exatos, qualificação do examinado, fim do exame e transcrição dos quesitos.[107]

A segunda etapa na confecção do laudo é o histórico, que deverá listar todos as informações colhidas relativas aos interessados e a seus parentes que possam auxiliar a investigação policialesca, sobre: "o modo como foi feita a lesão, o instrumento, a posição e a distância de ofensor e ofendido, o local da violência etc. Estes informes colhidos do interessado têm, em princípio, quase que uma presunção de falsidade, devendo ser comparados com as lesões para confirmação ou não de sua veracidade."[108]

Na parte descritiva ou expositiva deve se proceder a uma reprodução fiel e criteriosa, narrando minuciosamente todos os exames praticados e as possíveis verificações decorrentes. Quanto a discussão, os peritos procederam ao diagnóstico necessário para constatação ou não do objeto ou pessoa a serem periciados.

Aqui a parte mais importante do exame que é a conclusão. Constando uma síntese da discussão e do exame por parte dos peritos, não devendo afirmar o que não está demonstrado precisamente em caráter científico.

6.2.1 Exame morfológico

Necessário para a questão da formação do banco de dados da atividade policial, bem como para o reconhecimento por parte da vítima e das testemunhas na cena do crime é o exame morfológico. Hoje em dia, com o avanço imenso de ferramentas tecnológicas já é possível proceder ao reconhecimento facial do suspeito de um delito com uma precisão de 92% (noventa e dois por cento) de certeza do infrator.

Definem Fernandes e Fernandes que o exame morfológico: "É também conhecido como exame somático e tem por objetivo avaliar todos os segmentos do corpo humano, determinando suas medidas e proporções, a massa corpórea, óssea e muscular. Evidente que, nesse exame, se atenta para o físico em geral do periciado, verificando-se seus aspectos neurológicos, patológicos e endocrinológicos, a parte

---

[107] DOUGLAS, William; KRYMCHANTOWSKI, Abouch V.; DUQUE, Flávio Granado. *Medicina Legal à luz do Direito Penal e Processual Penal*. 2. ed. Rio de Janeiro: Impetus, 2001. p. 28.
[108] *Ibidem*, p. 28.

das perícias radiológicas e eletroencefálicas que nele devem ser procedidas. Tudo para registrar as particularidades ou peculiaridades que ensejam estabelecer caracteres individuais, anormalidades, formações patológicas, malformações congênitas, caracteres herdados, etc.".[109]

Na confecção do exame morfológico, o perito deve se ater ao aspecto da face externa do suspeito, bem como o tipo de gênero a que ele pertence, formato do cabelo, algum sinal de nascimento característico, tatuagens localizadas em determinado local do corpo, ou alguma peculiaridade que o distinga dos demais indivíduos.

6.2.2 Exame psicológico

Um dos mais importantes exames criminológicos é o exame psicológico, uma vez que deverá ser elaborado e subscrito por profissional licenciado para a área de psicologia, devidamente inscrito no Conselho Federal ou Estadual de Psicologia.

O exame psicológico tem por fulcro proceder a descrição detalhada do perfil psicológico da investigado/suspeito/condenado, para se averiguar a existência de indícios mínimos de alguma patologia de ordem mental, desde que, baseada em substratos probatórios, que indiquem a necessidade de uma avaliação psicológica ou a ministração de medicamento que atuem no combate a essas enfermidades mentais.

Recorrendo aos estudos de Fernandes e Fernandes, pode afirmar que: "O exame psicológico deve ser amplo e ao menos aferir três aspectos, que são fundamentais ao interesse criminológico, quais sejam: 1. Nível mental do criminoso; 2. Os traços característicos de sua personalidade e 3. Seu grau de agressividade".[110]

Pelo seu grau de agressividade, merece destaque o Psicodiagnóstico Miocinético – PMK de Mira y Lopes. Esse exame dimensiona a mensuração do potencial de agressividade do indivíduo e das formas contensoras, principalmente, para aferir sua inimputabilidade ou imputabilidade, oportunidade que pode ser colocado no sistema de internação hospitalar psiquiátrica, com segregação imediata, visando o tratamento ao adequado e que sua periculosidade não ofereça risco aos demais membros da sociedade. O exame fornece dados de vital

---

[109] *Ob. cit.*, p. 249.
[110] *Ob cit.*, p. 252.

importância de índole criminológica, fornecendo com clareza, objetividade e razoável segurança a situação do paciente.

6.2.3 Exame social

Outro exame que requer um profissional especializado é o exame social. Deve ser realizado por assistente social devidamente autorizado pelo Conselho para funcionar nessa seara.

O escopo para a realização deste exame é desvendar as condições sociais que possam ter propiciado a conduta antissocial do indivíduo na ação criminosa, considerando o meio social em que nasceu, cresceu e viveu a pessoa. O foco desse tipo de exame é qual o tipo de vida que teve o criminoso, em seu seio familiar, a estrutura econômico-financeira, bem como o círculo de amizade e a interação de como tais fatores podem ter contribuído para a eclosão da conduta criminosa.

Por este prisma, o exame social se concretiza através de uma entrevista com o assistente social, que integra a equipe multidisciplinar responsável por auxiliar o magistrado criminal na resolução do problema criminológico.

De forma magistral, Gabriel García Marques descreve um exame social dos irmãos Vicário, assassinos do jovem Santiago Nasar de maneira inolvidável:

> Eram gêmeos: Pedro e Pablo Vicário. Tinham 24 anos e se pareciam tanto que dava trabalho distingui-los. "Eram de aparência grosseira, mas de boa índole", dizia o sumário. Eu, que os conhecia desde a escola primária, teria escrito o mesmo. Naquela manhã ainda vestiam as roupas escuras do casamento, grossas em demasia e formais para o Caribe, e tinham as feições devastadas por muitas horas de farra; haviam cumprido, porém, com o dever de se barbear. Ainda que não tivessem parado de beber desde a véspera do casamento, não estavam mais bêbados depois de três dias, embora parecessem sonâmbulos acordados. Dormiram com as primeiras brisas do amanhecer depois de quase três horas de espera na leiteira de Clotilde Armenta, e aquele era o seu primeiro sono desde o sábado.[111]

É preciso acrescentar que a entrevista social é indispensável, devendo ser seguida por visitas sociais ao lar e entrevistas com os amigos,

---

[111] MARQUEZ, Gabriel García. *Crônica de uma morte anunciada*. Tradução: Remy Gorga Filho. 66. ed. Rio de Janeiro: Record, 2023. p. 22.

os vizinhos e os colegas de local de trabalho, visando traçar um perfil social mais próximo da realidade, uma vez que na aplicação da pena o juiz levará em consideração a conduta social do condenado para prevenção e reprovação do crime, como consta do art. 59 do Código Penal.

6.2.4 Exame psiquiátrico

Conferindo relevância ao fato de que as doenças mentais são de diferentes graus, nem sempre acarretando a inimputabilidade, porém, é possível o diagnóstico de indivíduos fronteiriços denominados ciclotímicos, bem como uma pessoa padecer de neurose e restar incólume sua imputabilidade para todos os atos da vida civil ou penal.

Entrementes, em se tratando de exame psiquiátrico, pondera Fernandes e Fernandes: "O exame psiquiátrico leva em consideração as doenças mentais que possam existir ou terem aflorado no criminoso após a prática da ação delituosa. O exame psiquiátrico é, por assim dizer, o centro, o âmago da observação criminológica, mesmo porque é ele que interferirá na inflição, ou não, de pena (face a imputabilidade ou não do acusado), na possível redução da pena (nos casos de semi-imputabilidade), na aplicação da medida de segurança pela periculosidade do delinqüente), ou no tratamento, do condenado, visando o seu retorno ao convívio social, após o cumprimento da pena".[112]

Nesse diapasão, pode-se afirmar que é o exame psiquiátrico que vai concluir se o criminoso é ou não imputável; atentando-se a essa circunstância de que a doença mental pode ser preexistente, concomitante ou superveniente ao fato típico descrito na norma penal incriminadora.

6.3 Classificação das doenças mentais objeto do exame psiquiátrico

6.3.1 Neuroses

As neuroses são distúrbios psicológicos menos severos do que as psicoses, mas suficientemente graves para limitar o ajustamento social e a capacidade de trabalho do indivíduo. Usualmente atribuída a conflitos emocionais inconscientes, a neurose ou psiconeurose constitui um dos pontos de partida para a análise psiquiátrica de Freud.

---

[112] *Ibidem*, p. 255.

No escólio de Hélio Gomes: "as neuroses são estados mórbidos caracterizados por perturbações psíquicas e somáticas, que causam grande sofrimento íntimo, determinadas por fatores psicológicos, embora em algumas intervenham fatores orgânicos".[113]

Em verdade, as neuroses são enfermidades mentais da personalidade que provocam conflitos de ordem psíquica e somática que acarretam sofrimento íntimo oriundos de fatores psicológicos. Sobretudo, incidem no equilíbrio interior da pessoa, trazendo consequências drásticas para os relacionamentos sociais.

O que acarretam as neuroses para fins legais? Explica William Douglas: "Aplicações médico-legais – civilmente, em regra, são capazes. Penalmente, são semi-imputáveis, salvo no caso de neurose compulsiva que causa a inimputabilidade. Contudo, é uma doença menos grave que as psicoses, uma vez que o neurótico não apresenta um quadro de alucinações".[114]

6.3.2 Psicoses

Percebe-se que a psicose é um distúrbio que atinge em bloco a personalidade, causando verdadeira desordem mental. A psicose se divide em dois grupos: a orgânica e a funcional. A orgânica origina-se de algum agente patológico e de alguma lesão no cérebro, ou mesmo uma alteração fisiológica, sem viés hereditário. Entretanto, as psicoses funcionais são as que incidem sobre o objeto de estudo da criminologia – o criminoso. São exemplos mais destacados de psicose funcional: a esquizofrenia, a ciclofrenia e a epilepsia genuína.

É de clareza solar a definição de Altavilla: "A esquizofrenia representa como que um desvio, às vezes a paragem do processo mórbido de certas doenças, criando uma sintomatologia comum na qual se conservam os aspectos diferenciais que permitem identificar a sua diversa origem, e que, por isso, se fala de dissociação esquizofrênica resultante do alcoolismo, da paralisia progressiva, da epilepsia, do histerismo e das distemias".[115]

---

[113] GOMES, Hélio. *Medicina Legal*. 5. ed. Rio de Janeiro: Livraria Freitas Bastos, 1958. (coleção 1). p. 173.
[114] *Ibidem*, p. 152.
[115] ALTAVILLA, Enrico. *Psicologia Juridiária*: O processo psicológico e a verdade judicial. 2. ed. Tradução: Fernando de Miranda. Coimbra: Almedina, 2007. 1 v. p. 277.

Ao contrário das neuroses, as psicoses retiram do ser humano por completo a consciência. É o que nos ensina Fernandes e Fernandes: "As psicoses, de fato, são responsáveis pela desintegração da personalidade do indivíduo e pelo seu conflito com a realidade. Trata-se de categoria de doenças caracterizadas por desordens cognitivas mais graves, incluindo, frequentemente, delírios e alucinações, oportunidade em que o enfermo torna impossível o convívio social ou familiar, devendo permanecer sob a vigilância médica para evitar que provoque danos físicos em si próprios ou em terceiros. Entre as mais sérias formas psicóticas devem ser enfatizadas a psicose maníaco-depressiva, a esquizofrenia e a paranoia".[116]

6.4 Notas conclusivas

Fornecer um conhecimento sobre o homem é, especificamente, a finalidade do exame criminológico, por via das investigações que lhe são pertinentes. Através dele é que se consegue atingir o diagnóstico sintético, porém, de grande valia, pertinente a personalidade do criminoso, com o propósito de que o Juiz penal possa, com fundamento em elementos concretos probatórios, individualizar a pena privativa de liberdade, no sentido de que a pena ou medida de segurança aplicada alcance o seu deslinde científico desejado, servindo de escudo para a defesa da tessitura social e mesmo do próprio indivíduo que pratica a infração penal. Na esteira desse raciocínio, a análise aprofundada do caso criminal submetido à apreciação do órgão julgador criminal refletirá como um diagnóstico motivado sobre a situação de periculosidade, com um prognóstico adequado à hipótese concreta em apreço.

Conclamamos à comunidade jurídica que envide os esforços no sentido de que reativem este importante instrumento da criminologia, devendo se tornar obrigatório, bem como nas situações em que o juiz possa requisitar, de ofício ou a pedido das partes, para se ter um parâmetro mais seguro se o condenado pode voltar ou não para o convício social de maneira adaptada aos valores sociais vigentes.

Em que pese o juiz possa recusar o laudo motivadamente, é de importância ímpar o auxílio de profissionais da área de psicologia, psiquiatria e assistência social na resolução do caso criminal.

---

[116] *Ibidem*, p. 216.

Refletindo sobre o tema do exame criminológico, uso apenas a sensibilidade da canção de Rita Lee: "Sim! Sou muito louco, não vou me curar. Já não sou o único que encontrou a paz. Mas louco é quem me diz! E não é feliz! Eu sou feliz!".

CAPÍTULO 7

PENOLOGIA

> "O sistema penal não se destina a punir todas as pessoas que cometem crimes e nem poderia fazê-lo, sob pena de processar e punir, por várias vezes, toda a população".
> Maria Lúcia Karam.

7.1 Conceito e noções básicas

O publicista Francis Lieber foi quem primeiro utilizou o termo "penologia", em 1834, para expressar a ciência penitenciária.[117]

Segundo essa perspectiva, a penologia é matéria integrante da criminologia que trata do conhecimento em sentido amplo das penas ou castigo. Enquanto sanções impostas aos infratores da lei penal (penalogia), seja enquanto retribuição pelo mal cometido ou pelo aspecto de ressocialização do criminoso pelo caráter de expiação da pena imposta é parte do direito penal.

Como adverte Tobias Barreto: "Não existe um direito natural, mas uma lei natural do direito". Em sendo assim, as leis são produzidas pelo um grupamento humano e pelas condições concretas que esse mesmo grupo social se erige e se reproduz.[118] Entretanto, só existe legitimidade da pena se prevista em lei.

Numa visão mais profunda, dispara Tobias Barreto: "A ciência do direito, bem como qualquer outro ramo do saber humano, não existe isolada. Na imensa cadeia de conhecimentos, logicamente organizados,

---

[117] FERNANDES, Newton; FERNANDES, Valter. *Criminologia Integrada*. 2. ed. São Paulo: Revista dos Tribunais, 2002. p. 658.
[118] BATISTA, Nilo. *Introdução crítica ao direito penal brasileiro*. 8. ed. Rio de Janeiro: Revan, 2002. p. 18.

que constituem as diversas ciências, ela figura também como um elo distinto, ocupa um lugar próprio, e tem a sua função específica... O que fica fora de dúvida é que ela trata de uma ordem de fatos humanos, tem por objetos um dos traços característicos da humanidade, faz parte por conseguinte da ciência do homem".[119]

7.2 A política abolicionista

As pessoas possuem verdadeiro fascínio por prisões. No mundo inteiro há visitações de locais em que ficaram encarceradas figuras icônicas da história mundial. Na ilha de Robben Island, próxima da Cidade do Cabo, em que ficou preso por 18 anos Nelson Mandela; em Joanesburgo, local em que ficou preso Maratma Gandhi (*Constitution Hill*), próximo da Suprema Corte sulafricana; a famigerada prisão de Alcatraz, nos EUA – Califórnia, que tinha por lema "fuga impossível"; a *Conciergerie*, no centro de Paris, local onde ficou presa a rainha Maria Antonieta até ser levada para a guilhotina; o Monte *Saint Michel*, na Normadia, que, apesar de ser originalmente uma Abadia, funcionou durante um período como presídio. A Torre Franca, na Acrópole ateniense, foi utilizada como prisão durante a ocupação otomana. No Brasil, o conhecido complexo prisional do Carandiru, local em que atrocidades foram cometidas sem igual. Lembro ainda os campos de concentração na Polônia e a na Alemanha, onde milhares de visitantes ainda escutam os gritos de desespero das vítimas conflagradas nos fornos que queimavam corpos humanos. Por fim, os Gulags russos, que eram campos de trabalhos forçados para criminosos, presos políticos e qualquer cidadão que se opusesse ao regime soviético.

No entanto, é próprio da natureza humana a luta pela liberdade, o maior bem depois da vida que o ser humano possui. Entretanto, a liberdade implica na responsabilidade, como prenunciava Jean Paul Sartre: "O homem, estando condenado a ser livre, carrega nos ombros o peso do mundo inteiro: é responsável pelo mundo e por si mesmo enquanto maneira de ser".

A ideia forjada por Sartre é que: "A existência precede a essência". Constrói-se em pilares firmes a corrente filosófica do existencialismo. Em primeiro lugar, o homem existe, desenvolve-se e aparece em cena, para, em seguida, elaborar uma definição de si mesmo. De início, é

---

[119] BARRETO, Tobias. *Estudos de direito*. Campinas: Bookseller, 2000. p. 115.

apenas o nada. Só depois de algum tempo que ele próprio terá feito de si o que virá a se tornar a ser.

Sob esse prisma, o ser humano existe com a maior liberdade possível, entregue a si mesmo, sob sua única e exclusiva responsabilidade. Em suma, o homem está condenado a ser livre, mas precisa assumir as suas próprias escolhas para ser responsável por sua história.

Claro que tudo é uma questão de perspectiva na vida, mas o princípio da responsabilidade deve ser sopesado, pois o único responsável pelo sucesso ou fracasso de suas ações somos nós mesmos, embora já alertava Sartre: *"O inferno são os outros porque cada indivíduo projeta no outro a sua própria infelicidade"*. Toda essa trilha faz parte da condição humana, crime e castigo se entrelaçam de forma intrincada.

Como pontua Salo Carvalho: "O estudo das doutrinas da pena tradicionalmente principia com a clássica dicotomia entre as teorias absolutistas (retributivas) e relativas (preventivas), caracterizando, subdividindo e conceituando modelos explicativos tidos como os únicos capazes de responder à indagação considerada como uma das mais importantes não só do direito penal mas da teoria política: por que punir?".[120]

Questiona, com grande acuidade, Maria Lúcia Karam: "Quem poderia dizer que nunca cometeu um crime: um pequeno furto, um atestado médico falso, um jeitinho para pagar menos imposto de renda (ou seja, uma sonegação fiscal), uma propina para o guarda, ou, pelo menos, um adultério (...)? Fosse efetivamente cumprida a lei penal, para que se punissem todos os casos em que se desse sua violação, praticamente não haveria ninguém que não fosse várias vezes processado e punido, tendo-se que propor como consequência, tão lógica quanto absurda, a transformação da sociedade em um imenso presídio, o que também não funcionaria, pois dificilmente sobraria alguém para julgar, ou para exercer a função de carcereiro".[121]

Como alerta Hulsman: "Chamar um fato de 'crime' significa excluir de antemão todas estas outras linhas; significa se limitar ao estilo punitivo – e ao estilo punitivo da linha sócio-estatal, ou seja, um estilo punitivo dominado pelo pensamento jurídico, exercido com uma distância enorme da realidade por uma rígida estrutura burocrática.

---

[120] CARVALHO, Salo de. *Antimanual de Criminologia*. 3. ed. Rio de Janeiro: Lumen Juris, 2010. p. 137.
[121] KARAM, Maria Lúcia. *De crimes, Penas e Fantasias*. 2. ed. Niterói: Luam, 1993. p. 202.

Chamar um fato de "crime" significa se fechar de antemão nesta opção infecunda".[122]

Para os abolicionistas, a "gravidade" do fato não é um bom critério para determinar a resposta social. Pense na sua experiência de vida. Você sabe muito bem que a reação punitiva não é a que necessariamente poderá resolver uma situação difícil.

Ocorre que é possível no âmbito da liberdade deixar de sê-lo no interior do campo penal. Se estivermos no sistema penal, já não poderemos mudar de reação. E o discurso penal está agarrado à ideia da gravidade. Acredita-se que nos casos "graves" não se pode prescindir do campo penal.

A gravidade do ato, que constitui a pedra de toque do sistema penal, deve deixar de determinar a reação a este ato. Quando se consegue sair do bloqueio imposto por esta noção de gravidade, torna-se possível aplicar outros modelos muito mais satisfatórios de reação social.

O abolicionismo congrega autores que, partilhando da crítica sociológica às agências penais, comungam de inúmeras e diversificadas propostas para a radical contração/substituição do sistema penal por instâncias não punitivas de resolução dos conflitos.

Não obstante a característica plural e polissêmica das manifestações teóricas abolicionistas, os principais representantes são Michel Foucault, Thomas Mathiessen, Nills Christie e Louk Hulsman.

Foucault, na análise das estruturas do poder, relativamente aos estabelecimentos carcerários, conferiu importantes subsídios ao movimento.

Em vigiar e punir, o citado autor possibilitou visualizar dois níveis de intervenção crítica: ao saber emanado pela criminologia tradicional e às estruturas capilares do poder. A sociedade disciplinar demanda corpos dóceis.

A criminologia etiológica incorporou-se, subliminar e invisivelmente, como discurso orientador das fases legislativa, judicial e executiva, fixando a noção da pena clínica e correcional.

A segunda consequência do discurso foucaultiano é de romper com a ideia de sistema punitivo. Se as relações de poder não podem ser visualizadas em estrutura macroscópica, pois ocorrem complexamente em níveis quase imperceptíveis e de forma assistemática através

---

[122] HULSMAN, Louk. *Penas perdidas*. O sistema penal em questão. Tradução: Maria Lúcia Karam. 2. ed. Rio de Janeiro: Luam, 1997. p. 100.

de manobras, táticas, técnicas e funcionamentos invisíveis, impossível ao investigador a apropriação do objeto. Não existe, portanto, sujeito ou instituição possuidora de poder, pois "onde há poder ele se exerce. Ninguém é propriamente falando, seu titular; e, no entanto, ele sempre se exerce em determinada direção, como uns de um lado e outros do outro; não se sabe ao certo quem o detém; mas se sabe quem não o possui".

Thomas Mathiesen, por sua vez, levantou uma proposta de criar condições para revolução permanente e sem limites, fomentando profundas reformas de curto prazo nas instituições punitivas que não obstaculizassem o abolicionismo, procurava não remodelar o sistema de penas, mas mantê-lo progressivamente aberto (melhoramento de condições de vida, ampliação do regime de visitas, aumento da constância e do período de saídas temporárias). Faço uso das palavras do próprio Mathiesen: "Temos que admitir talvez a possibilidade de se encarcerar alguns indivíduos".

Admitindo algumas possibilidades de encarceramento, Mathiesen sustenta duas teses que reduziriam drasticamente a necessidade do sistema penal: o direcionamento de políticas sociais aos sujeitos vulneráveis e a descriminalização das drogas. Se é fato notório que grande parte da população carcerária é composta por pessoas que praticaram crimes contra o patrimônio, ação social nesta área reduziria sobremaneira os problemas derivados da pobreza e do desemprego – "a guerra contra o crime deveria tornar-se uma guerra contra a pobreza".

O abolicionismo de Nils Christie parte do pressuposto de que o sistema penal, em especial a pena, é encarregado exclusivamente de produzir sofrimento e impor dor. Ao contrário, deveriam "construir-se de maneira que reduzam ao mínimo a necessidade percebida de impor dor para conseguir o controle social".[123] Em outras palavras, para o citado autor, o sistema penal é uma máquina de produzir dor inutilmente, considerando a irracionalidade da pena de prisão, embasado num sistema que estigmatiza o indivíduo, de caráter seletivo.

A estratégia do autor é baseada em formas de redução ou de imposição mínima de sofrimento, buscando opções aos castigos opcionais como são as sanções alternativas e/ou substitutivas. É como a escritora

---

[123] CHRISTIE, Nils. *Los limites del dolor*. Tradução: Mariluz Caso. México: Fondo de Cultura Económica, 1988. p. 7-8.

Rachel de Queiroz retrata a vida: "Doer, dói sempre. Só não dói depois de morto. Porque a vida é um eterno doer".

Com sensibilidade humana incomum, dispara Nils Christie: "Mas com exceção da pena capital e da tortura física – que são usadas de forma muito limitada na maioria dos países que discutimos neste livro – nada é tão completo, em termos de constrangimento, degradação, e de demonstração de poder quanto a prisão".[124]

Assume a informalização baseado na afirmativa de que a estatização do conflito revitimiza o sujeito passivo ao impedir sua participação na resolução do caso. Como saída, propõe a (re)incorporação da vítima, colocando-a em igualdade de posição com o autor do fato para buscar condições de negociar a compensação pelo dano sofrido.

7.3 Fundamentos criminológicos do crime e do castigo

O delineamento das penas na Constituição em momento algum alerta com fins, funções ou justificativas, indicando apenas meios para minimizar o sofrimento imposto pelo Estado ao condenado. Nos incisos XLV, XLVI, XLVII, XLVIII e XLIX do art. 5º da Constituição Federal está traçado o modelo constitucional de imposição de penas, balizada pelas ideias de pessoalidade, individualização, humanidade e respeito à integridade física e moral. Mas o dispositivo mais exemplar da configuração constitucional da política penalógica de redução dos danos é encontrada na alínea "e" do inciso XLVII. Ao determinar as vedações a algumas espécies de pena (morte, prisão perpétua, trabalhos forçados e banimento – alíneas a, b, c, e d, respectivamente), a Carta Magna brasileira estabelece, na referida alínea "e", o princípio da proibição do excesso punitivo, ao negar, em qualquer hipótese, a aplicação e execução de penas cruéis.

No sentido filosófico, o existencialismo tem sua vertente mais concreta na visão de Fiódor Dostoiévski, ao afirmar: "O sofrimento é a única fonte de consciência", dimensiona isso o autor quando narra o drama contraditório do homem do subsolo: "Sou um homem doente... Um homem mau. Um homem desagradável. Creio que sofro do fígado. Aliás, não entendo níquel da minha doença e não sei, ao certo, do que estou sofrendo. Não me trato e nunca me tratei, embora respeite a

---

[124] CHRISTIE, Nils. *A indústria do controle do crime*: a caminho dos GULAGs em estilo ocidental. Tradução: Luís Leiria. Rio de Janeiro: Forense, 1998. p. 15.

medicina e os médicos. Ademais, sou supersticioso ao extremo; bem, ao menos o bastante para respeitar a medicina. (Sou suficientemente instruído para não ter nenhuma superstição, mas sou supersticioso.) Não, se não quero me tratar, é apenas de raiva".[125]

O crime e o castigo são ideias indissociáveis, porque a vida é um sofrimento constante. Contudo, não podemos ser indiferentes à dor do outro. Nenhum sentido teria um ordenamento jurídico que tivesse por objetivo apenas impingir dor ao outro. Entretanto, ingressamos num drama epistemológico ao questionar: o assassinato de uma pessoa reles seria moralmente errado se o objetivo fosse nobre? Ralkolnikov, o protagonista da obra *Crime e Castigo*, tem a convicção de que todas as pessoas superiores acabam cometendo assassinatos para atingir seus objetivos, sendo considerado um avanço para a humanidade.

Etimologicamente, Raskol significa "dividido", confessa o crime de homicídio entre o arrependimento e a justificação: "A sua próxima entrevista com Sônia preocupava-o, assustava-o até; devia revelar-lhe que matara Isabel, e, pressentindo quanto essa confissão lhe era difícil, tratava de desviar o pensamento para outra coisa... Passou indeciso diante da porta: será forçoso dizer-lhe que matei Isabel? A pergunta era extraordinária, porque nesse momento sentia a impossibilidade daquela confissão. Não sabia por que não podia confessar o seu crime, mas sentia-o, e ficou esmagado pela dolorosa demonstração da sua fraqueza... Então, Sônia, disse com a voz trêmula: toda acusação se baseava sobre a *tua posição social e os costumes que traz*. Compreendeste isso?".[126]

Na crítica mordaz de Tobias Barreto: "o conceito de pena não é um conceito jurídico, mas um conceito político. Este ponto é capital. O defeito das teorias correntes em tal matéria consiste justamente no erro de considerar a pena como uma consequência do direito logicamente fundada (...). Que a pena, considerada em si mesma, nada tem que ver com a ideia de direito, prova-o de sobra o fato de que ela tem sido muitas vezes aplicada e executada em nome da religião, isto é, em nome do que há de mais alheio à vida jurídica".[127]

Entendida como realidade política, a pena não encontra sustentação no direito, pelo contrário, simboliza a própria negação do jurídico.

---

[125] DOSTOIÉVSKI, Fiódor. *Memórias do subsolo*. Tradução: Boris Shinderman. São Paulo: Editora 34, 2000. p. 15.
[126] DOSTOIÉVSKI, Fiódor. *Crime e castigo*. Tradução: Luiz Cláudio de Castro. Rio de Janeiro: Ediouro, 1988. p. 423-424.
[127] BARRETO, Tobias. *Estudos de direito*. Campinas: Bookseller, 2000. p. 178-179.

Pena e guerra se sustentam, portanto, pela distribuição de violência e imposição incontrolada da dor. Não obstante seu caráter incontrolável, desmesurado, desproporcional e desregulado reivindica, no âmbito das sociedades democráticas, limite.

Retomo aqui as ideias de Tobias Barreto neste quadrante:

> O direito de punir, como em geral todo direito, como todo e qualquer fenômeno da física ou moral, deve ter um princípio; mas é um princípio histórico, isto é, um primeiro momento na série evolucional do sentimento que transforma em ideia, e do fato que se transforma em direito. Porém essa base histórica ou antes pré-histórica, considerada em si mesma, explica tampouco o estado atual do instituto da pena, como o embrião explica o homem, como a semente a árvore.[128]

Ao assumir a pena como realidade (fenômeno) da política, a minimização dos poderes arbitrários exsurge como reação igualmente política. O projeto de redução dos danos decorrentes da punitividade atinge todas as fases de sua individualização, no esforço de redefinir critérios de sua cominação, aplicação e execução, a partir da observância dos postulados constitucionais de proporcionalidade, razoabilidade e proibição de excesso. Especificamente na aplicação da pena, direciona na objetividade dos fundamentos e requisitos judiciais; na execução penal, postulando a jurisdicionalização absoluta, capacita o direito e o processo penal para controlar práticas desregulamentadas do direito penitenciário e da criminologia administrativa.

Para Franz Kafka, a Colônia Penal "é uma organização tão fechada em si mesma, o tempo se deteve, pelo menos por muitos anos". Isso retrata uma "paralisia do tempo", constrói o autor uma teoria da culpa, da culpa social, da pena e da função social da pena. Pouco importa executar a pena, deve se reeducar a pessoa que transgrediu a norma penal, porque ali temos apenas um outro ser humano. "Na *colônia penal* devia ter sido publicada com O *veredicto* e A *metarmofese* num único volume sob o título *As punições*".

Com a característica de naturalizar o absurdo, disse Kafka: "Na Colônia Penal narra a execução do comandante pela máquina, Kafka chega ao auge da ironia: o oficial que alimentava evidente inveja da 'iluminação' das vítimas durante a punição exercida por doze horas pela máquina, não sente essa transformação. Em vez disso, é instantânea e

---

[128] *Ibidem*, 169.

brutalmente assassinado quando a máquina começa a se desmontar".[129] A punição com pena de morte foi decretada porque o condenado estava dormindo durante seu plantão, e quebrou uma regra de desobediência aos superiores – regra de autoridade, sendo a punição desproporcional e ridícula.

E, completa Kafka, em seguida, narrando de forma fleumática a execução de uma pessoa: "O condenado é posto de barriga para baixo sobre o algodão, completamente nu; aqui estão as cintas para prender-lhe os pés, as mãos e o pescoço. Aqui na cabeceira do leito, onde, como eu disse, a cabeça do condenado repousa, fica esta pequena mordaça de feltro, que pode ser facilmente regulada de modo a entrar-lhe pela boca. O objetivo é impedir que o condenado grite ou morda a língua. Ele é obrigado a morder o feltro, pois de outra forma a cinta do pescoço quebra-lhe a nuca".[130] Isso tem uma nítida interlocução com a forma de execução da Inquisição.

7.4 Pena privativa de liberdade

No mundo moderno, as penas possíveis são as penas privativas, as restritivas de direitos e as penas pecuniárias. As penas de morte, desterro e confinamento estão circunscritas a alguns ordenamentos jurídicos.

As teorias que explicam a pena de prisão serão analisadas a seguir.

As teorias absolutas são aquelas que veem o direito penal como um fim em si mesmo, independente de razões utilitárias ou preventivas, a pena não serve para nenhum fim, a legitimidade decorre do só fato de ter cometido o crime.

Para Immanuel Kant (teoria da retribuição moral), a pena justifica-se pelo simples fato de retribuir (justamente) o mal praticado, deriva um "imperativo categórico".[131] Segundo seus ensinamentos: "as penas são, em mundo regido por princípios morais (por Deus), categoricamente necessárias. Ainda que uma sociedade se dissolvesse por consenso de todos os seus membros (se o povo que habitasse uma

---

[129] KAFKA, Franz. *Essencial*. Tradução e comentários: Modesto Carone. São Paulo: Penguim-Companhia das Letras, 2011.
[130] KAFKA, Franz. *Na Colônia Penal*. Tradução: Guilherme da Silva Braga. São Paulo: L&PM Pocket, 2009.
[131] QUEIROZ, Paulo de Souza. *Funções do Direito Penal*. Legitimação versus Deslegitimação do Sistema Penal. Belo Horizonte: Del Rey, 2001. p. 20.

ilha decidisse separar-se e dispersar-se pelo mundo), então, o último assassino deveria ser executado".[132]

Já para Georg Hegel (teoria da retribuição jurídica), a pena, que não responde a um mandamento absoluto de justiça, é uma exigência da razão, que se explica e se justifica a partir de um processo dialético inerente à ideia e ao conceito mesmo de direito. O delito é uma violência contra o direito e a pena é uma segunda violência que anula aquela primeira.[133]

As teorias relativas são predominantemente teorias finalistas, pois veem a pena não como um fim em si mesmo, mas como meio a serviço de determinados fins, considerando-a utilitariamente. Fim da pena é principalmente a prevenção de novos delitos, daí porque são conhecidas como teorias da prevenção ou prevencionistas.[134]

Dividem-se em teoria da prevenção geral – negativa ou positiva – e teoria da prevenção especial. No primeiro caso (de prevenção geral positiva – Gunther Jacoks e Niklas Luhmann), a finalidade da pena é fortalecer os valores éticos-sociais veiculados pela norma, estabilizar o sistema social ou semelhante; no segundo (de prevenção geral negativa – Paul Anselm Von Feuerbach), a norma tem por objetivo motivar os seus destinatários a se absterem da prática de novos delitos; finalmente, para as teorias da prevenção especial –, o fim da norma é evitar a reincidência por meio da ressocialização do condenado – Von Lizst, Marc Ancel e Filippo Gramatica.[135]

As teorias ecléticas tentam superar as antinomias consignadas nas outras teorias apresentadas, pretendendo combiná-las ou unificá-las ordenadamente. Procuram explicar o fenômeno punitivo em toda sua complexidade e pluridimensionalidade.

Para essa teoria, a justificação da pena depende a um tempo da justiça de seus preceitos e da sua necessidade para a preservação das condições essenciais da vida em sociedade (**proteção de bens jurídicos**). Busca-se, assim, unir justiça e utilidade, razão pela qual a pena será legítima somente quando for ao mesmo tempo justa e útil. Por conseguinte, a pena, ainda que justa, não será legítima se for desnecessária (inútil), tanto quanto se, embora necessária (útil), não for justa.

---

[132] KANT, Immanuel. *Fundamentação da Metafísica dos Costumes e outros escritos*. Tradução: Leopoldo Holzabach. São Paulo: Martin Claret, 2003. p. 70.

[133] QUEIROZ, Paulo de Souza, ob. *cit.*, p. 21.

[134] *Ibidem*, p. 35-36.

[135] *Ibidem*, p. 59.

Semelhante perspectiva se caracteriza, pois, por um conceito pluridimensional da pena, que, apesar de orientado pela ideia de retribuição, a ela não se limita.

Entre as teorias mistas atuais, merecem destaque a teoria dialética unificadora de Claus Roxin e o garantismo de Luigi Ferrajoli.

7.4.1 Teoria eclética unificadora de Claus Roxin

Para *Claus Roxin*, o papel da pena dependerá dos fins cometidos constitucionalmente ao Estado, titular do poder punitivo, visto que os limites do direito penal são, em última análise, os limites do próprio Estado. Exatamente por isso, ao menos da vigência do Estado de Direito, que todo poder emana do povo, já não se pode perseguir a realização de fins divinos ou transcendentais de qualquer tipo. Nem é tampouco finalidade da pena corrigir moralmente o indivíduo. Em síntese, a finalidade do direito penal é: "criar e garantir a um grupo reunido, interior e externamente, no Estado, as condições de uma existência que satisfaça às suas necessidades vitais".[136]

Diante dessa perspectiva, pode-se afirmar que a finalidade precípua do direito penal é a proteção subsidiária de bens jurídicos, de forma fragmentária, considerando apenas os bens jurídicos mais importantes para o convívio social.

Já quanto à sua individualização judicial, a finalidade da pena consiste, essencialmente, mas não exclusivamente, em ressocializar o condenado (prevenção especial), limitada pela culpabilidade, isto é, não para fundamentar a pena, mas para evitar possíveis excessos que poderiam resultar da prevenção geral, passando aquela a funcionar como limite da prevenção geral, motivo pelo qual a pena não pode ultrapassar a medida da culpabilidade.

7.4.2 Teoria eclética prevenção geral negativa – direito penal mínimo. Visão de Luigi Ferrajoli – Teoria do Garantismo Penal

O fulcro do garantismo penal é impor limites ao arbítrio, deslegitimando formas de controle social que tentem se sobrepor ao direitos e garantias fundamentais estampados na Constituição Federal. Num

---

[136] ROXIN, Claus. *Problemas fundamentais de Direito Penal*. 3. ed. Tradução: Ana Paula dos Santos Luís Natscheradetz. Lisboa: Vega, 1998. p. 74.

ambiente democraticamente arejado, o garantismo estabelece o objeto e os limites do direito penal em tais sociedades, diante da impossibilidade de modificação dos direitos e garantias constitucionais, que são consideradas cláusulas pétreas, não podendo ser alvo de reforma ou emenda constitucional – núcleo imodificável das Constituições, vigente o princípio da proibição do retrocesso.

Para Ferrajoli, a única finalidade capaz de legitimar a intervenção penal é a *prevenção geral negativa*, exclusivamente, mas não apenas prevenção de futuros delitos, sobretudo, prevenção de reações informais públicas ou privadas arbitrárias – fim fundamental da pena, a seu ver –, pois "não se compreende, uma vez que justificada através da finalidade da prevenção geral negativa, a ameaça da pena, porque não poderia ser justificada, por via dos mesmos fins, a ameaça das medidas de prevenção para sujeitos suspeitos ou perigosos".[137]

Ferrajoli concebe o direito penal assim como um sistema de garantias (conforme a tradição liberal iluminista) do cidadão perante o arbítrio realizável pelo Estado ou pelos próprios indivíduos. E defende um direito penal mínimo, isto é, que se limite às hipóteses de absoluta necessidade, segundo os princípios de um direito penal (e processual) garantista: legalidade, lesividade, proporcionalidade, ampla defesa, entre outros. Ou, como afirma: "Está claro que o direito penal mínimo, quer dizer, condicionado e limitado ao máximo, corresponde não apenas ao grau máximo de tutela das liberdades dos cidadãos frente ao arbítrio punitivo, mas também a um ideal de *racionalidade* e *certeza*. Com isso resulta excluída de fato a responsabilidade penal todas as vezes em que sejam incertos ou indeterminados seus pressupostos".[138]

O direito penal, concebido como instrumento de defesa dos direitos fundamentais e orientado para tutela desses direitos contra a violência arbitrária do mais forte, serviria, assim, à proteção dos mais débeis. Seria o código ou a lei do mais débil. Seria um mal menor diante do mal do delito, um mal maior diante de reações públicas ou privadas arbitrárias. O garantismo forja critérios de racionalidade e civilidade, necessários para que possa haver a intervenção do direito penal, deslegitimando normas ou formas de controle social que tentem suplantar os direitos e garantias fundamentais elencados no texto constitucional.

---

[137] FERRAJOLI, Luigi. *Direito e Razão*. Teoria do garantismo penal. Tradução: Luiz Flávio Gomes, Juarez Tavares *et al.* São Paulo: Revista dos Tribunais, 2002. p. 225-226.
[138] *Ibidem*, p. 83-84.

Sustentando uma lógica de primazia dos direitos fundamentais, assevera Ferrajoli: "Não se pode sacrificar a liberdade de um homem, de quem não se tenha verificado a responsabilidade penal no interesse e na vontade de todos... No plano penal, a única justificação aceitável das decisões é representada pela verdade de seus pressupostos jurídicos e fáticos, entendida a 'verdade' precisamente no sentido da 'correspondência' mais aproximada possível da motivação às normas aplicadas e aos fatos julgados... O que se exige no plano epistemológico e político é precisamente o que modelo penal garantista, acolhido nas Constituições modernas, exige normativamente no plano jurídico: que a legitimidade das decisões penais se condicione à verdade empírica de suas motivações".[139] Refere-se aqui Ferrajoli à verdade no sentido de *aletheia* dos gregos.

Em outras palavras, a punição deve estar lastreada pelo fato típico, ilícito e culpável, devidamente comprovados, como afirmou Kafka: "Fui nomeado juiz aqui na colônia penal. Apesar da minha pouca idade. Porque estive do lado do antigo comandante em todas as ocorrências criminais e sou quem melhor conhece o aparelho. O princípio que guia minhas decisões é: a culpa é sempre indubitável. Outras cortes podem não se pautar por esse princípio, porque são compostas por muitos membros e também porque têm cortes mais altas acima de si".[140]

Resumindo o pensamento de Ferrajoli, o professor Paulo de Souza Queiroz aduz que:

> Propugna pela abolição gradual das penas privativas de liberdade, por lhe parecerem excessivas, e inutilmente aflitivas, assim como propõe a adoção de penas máximas de 10 anos de prisão – opõem à prevenção especial (ao menos nos moldes tradicionais). Porque "o Estado" – escreve Ferrajoli – "que não tem o direito de forçar os cidadãos a não serem malvados, senão só o de impedir que se danem entre si, tampouco tem o direito de alterar – reeducar, redimir, recuperar, ressocializar ou outras

---

[139] *Ob. cit.*, p. 56. Vaticinando o mal ao desrespeito de tais garantias, já havia dito Kafka, no livro *A colônia penal*, p. 51: "'Ele não conhece a sentença?' 'Não', disse o oficial e tentou dar prosseguimento à explicação, mas o explorador interrompeu-o: 'Ele não conhece a própria sentença?' 'Não', disse mais uma vez o oficial, deteve-se por um instante, como se exigesse do explorador uma fundamentação mais precisa para a pergunta, e então disse: 'Seria inútil comunicá-la. A sentença é aplicada ao corpo... 'Então este homem também não sabe como sua defesa foi recebida?' 'Ele não teve nenhuma oportunidade de apresentar uma defesa', disse o oficial e desviou o olhar, como se falasse consigo próprio e não quisesse constranger o explorador com explicações sobre coisas tão evidentes'".

[140] *Ob. cit.*, p. 52.

ideias semelhantes – a personalidade dos réus. E o cidadão, embora tenha o dever jurídico de não cometer fatos delitivos, tem o direito de ser interiormente malvado e de seguir sendo o que é. As penas, por conseguinte, não devem perseguir fins pedagógicos ou correcionais, senão que devem consistir em sanções taxativamente predeterminadas, e não agraváveis com tratamentos diferenciados e personalizados do tipo ético ou terapêutico.[141]

Coerente com sua proposta de direito penal mínimo, que exige o máximo de certeza da intervenção jurídico-penal, Ferrajoli critica a flexibilização da pena na fase executiva, seja para agravá-la, seja para atenuá-la, ou bem se devem extinguir os atuais benefícios da execução (livramento condicional, progressão, remissão etc.) ou se deve convertê-los em direitos dos presos já ao tempo da sentença condenatória. Ademais, estabelece o limite máximo de dez anos de prisão, pugnando pela abolição das penas pecuniárias e pela reforma das penas privativas de liberdade.[142]

Por fim, Ferrajoli conclui que: "O problema do garantismo penal é elaborar tais técnicas no plano teórico, torná-las vinculantes no plano normativo e assegurar sua efetividade no plano prático. Estas técnicas – que correspondem a outros tantos limites, garantias ou condições de legitimidade do exercício do poder judicial".[143]

Ao que me parece é que o garantismo, além de visar a proibição do excesso, diante da gama de direitos e garantias elencados no corpo constitucional, tem o legislador em caráter amplo e o juiz em caráter estrito a obrigação de proteção dos bens jurídicos considerados fundamentais de forma suficiente. Em síntese, é tão pernicioso o excesso de poder quanto a insuficiência da resposta estatal punitiva.[144]

---

[141] *Ob. cit.*, p. 74-75.
[142] *Ob. cit.*, p. 332-334.
[143] *Ibidem*, p. 57.
[144] HABEAS CORPUS – PORTE ILEGAL DE ARMA DE FOGO DESMUNICIADA (A) TIPICIDADE DA CONDUTA – CONTROLE DE CONSTITUCIONALIDADE DAS LEIS PENAIS – MANDATOS CONSTITUCIONAIS DE CRIMINALIZAÇÃO E MODELO EXIGENTE DE CONTROLE DE CONSTITUCIONALIDADE DAS LEIS EM MATÉRIA PENAL – CRIMES DE PERIGO ABSTRATO EM FACE DO PRINCÍPIO DA PROPORCIONALIDADE – LEGITIMIDADE DA CRIMINALIZAÇÃO DO PORTE DE ARMA DESMUNICIADA – ORDEM DENEGADA – 1- CONTROLE DE CONSTITUCIONALIDADE DAS LEIS PENAIS – 1.1 - Mandatos constitucionais de criminalização: A Constituição de 1988 contém significativo elenco de norma s que, em princípio, não outorgam direitos, mas que, antes, determinam a criminalização de condutas (CF, art. 5º, XLI, XLII, XLIII, XLIV; art. 7º, X; art. 227, §4º). Em todas essas é possível identificar um mandato de criminalização

A teoria do garantismo de Ferrajoli é muito propagada no Brasil, mas pouco estudada de forma sistemática. Está calcada em dez axiomas enquanto proposições prescritivas. São normativas como proposições abstratas – do dever ser, e não seguindo a lógica criminológica

> expresso, tendo em vista os bens e valores envolvidos. *Os direitos fundamentais não podem ser considerados apenas proibições de intervenção (Eingriffsverbote), expressando também um postulado de proteção (Schutzgebote). Pode-se dizer que os direitos fundamentais expressam não apenas uma proibição do excesso (Übermassverbote), como também podem ser traduzidos como proibições de proteção insuficiente ou imperativos de tutela (Untermassverbote). Os mandatos constitucionais de criminalização, portanto, impõem ao legislador, para seu devido cumprimento, o dever de observância do princípio da proporcionalidade como proibição de excesso e como proibição de proteção insuficiente.*
> 1.2. Modelo exigente de controle de constitucionalidade das leis em matéria penal, baseado em níveis de intensidade: Podem ser distinguidos 3 (três) níveis ou graus de intensidade do controle de constitucionalidade de leis penais, consoante as diretrizes elaboradas pela doutrina e jurisprudência constitucional alemã: a) controle de evidência (Evidenzkontrolle); B) controle de sustentabilidade ou justificabilidade (Vertretbarkeitskontrolle); C) controle material de intensidade (intensivierten *in* haltlichen Kontrolle). O Tribunal deve sempre levar em conta que a constituição confere ao legislador amplas margens de ação para eleger os bens jurídicos penais a tutelar e avaliar as medidas adequadas e necessárias para a efetiva proteção desses bens. Porém, uma vez que se ateste que as medidas legislativas adotadas transbordam os limites imp ostos pela constituição – O que poderá ser verificado com base no princípio da proporcionalidade como proibição de excesso (Übermassverbot) e como proibição de proteção deficiente (Untermassverbot) –, deverá o Tribunal exercer um rígido controle sobre a atividade legislativa, declarando a inconstitucionalidade de leis penai s transgressoras de princípios constitucionais. 2- CRIMES DE PERIGO ABSTRATO – PORTE DE ARMA – PRINCÍPIO DA PROPORCIONALIDADE – A Lei 10.826/2003 (Estatuto do Desarmamento) tipifica o porte de arma como crime de perigo abstrato. De acordo com a lei, constituem crimes as meras condutas de possuir, deter, portar, adquirir, fornecer, receber, ter em depósito, transportar, ceder, e emprestar, remeter, empregar, manter sob sua guarda ou ocultar arma de fogo. Nessa espécie de delito, o legislador penal não toma como pressuposto da criminalização a lesão ou o perigo de lesão concreta a determinado bem jurídico. Baseado em dados empíricos, o legislador seleciona grupos ou classes de ações que geralmente levam consigo o indesejado perigo ao bem jurídico. A criação de crimes de perigo abstrato não representa, por si só, comportamento inconstitucional por parte do legislador pena l. A tipificação de condutas que geram perigo em abstrato, muitas vezes, acaba sendo a melhor alternativa ou a medida mais eficaz para a proteção de bens jurídico-penais supraindividuais ou de caráter coletivo, como, por exemplo, o meio ambiente, a saúde etc. Portanto, pode o legislador, dentro de suas amplas margens de avaliação e de decisão, definir quais as medidas mais adequadas e necessárias para a efetiva proteção de determinado bem jurídico, o que lhe permite escolher espécies de tipificação próprias de um direito penal preventivo. Apenas a atividade legislativa que, nessa hipótese, transborde os limites da proporcionalidade, poderá ser tachada de inconstitucional. 3- LEGITIMIDADE DA CRIMINALIZAÇÃO DO PORTE DE ARMA. Há, no contexto empírico legitimador da veiculação da norma, aparente lesividade da conduta, porquanto se tu tela a segurança pública (art. 6º e 144, CF) e indiretamente a vida, a liberdade, a integridade física e psíquica do indivíduo etc. Há inequívoco interesse público e social na proscrição da conduta. É que a arma de fogo, diferentemente de outros objetos e artefatos (faca, vidro etc.) tem, inerente à sua natureza, a característica da lesividade. A danosidade é intrínseca ao objeto. A questão, portanto, de possíveis injustiças pontuais, de absoluta ausência de significado lesivo deve ser aferida concretamente e não em linha diretiva de ilegitimidade normativa. 4- ORDEM DENEGADA. (STF – HC nº 102087 – 2ª T. – Rel. Min. Celso de Mello – DJ 14.08.2012) (grifos nossos).

do empirismo – do que é. Nesse rumo de ideias, para cada axioma há a correspondência de um princípio correlato.

De acordo com o pensamento refinado de Luigi Ferrajoli, os 10 (dez) axiomas que sustentam o modelo garantista devem responder os seguintes questionamentos: a) Quando e como punir?; b) Quando e como proibir?; e c) Quando e como julgar? As duas primeiras perguntas são respondidas com três axiomas cada uma, sendo tais axiomas princípios constitucionais. Por sua vez, a última pergunta é respondida com quatro axiomas ou princípios.

Aprofundando no tema, a primeira pergunta é prontamente respondida pelos seguintes axiomas: *nulla poena sine crimine* (não há pena sem crime), sendo o princípio correspondente o da retributividade ou da consequencialidade da pena em relação ao delito. Dessa maneira, só é legítima a intervenção penal após o cometimento do delito (*post delictum*), e jamais antes da prática delituosa (*ante delictum*), impossibilitando que exista um direito penal do autor e até mesmo uma antecipação da aplicação da sanção criminal (pena e medida de segurança).

Em reforço ao primeiro axioma acima explicitado, ainda respondendo a primeira inquirição, é o segundo axioma *nullum crimen sine lege* (não há crime sem lei), encontrando lastro no princípio da legalidade. Tem que ter lei escrita e anterior, estrita e certa, vedando-se tipos abertos, evitando o excesso do poder punitivo.

Ainda respondendo ao primeiro questionamento, temos o terceiro axioma *nulla lex (poenalis) sine necessitate* (não há lei penal sem necessidade). Por seu turno, temos o princípio da necessidade ou da economia do direito penal, que significa que a lei somente é legítima quando estabelecer penas estritamente necessárias, que deve observar as diretrizes do princípio da dignidade da pessoa humana, evitando-se penas cruéis, de morte, de caráter perpétuo, de trabalho forçados, de banimento (art. 5º, inciso XLVII, da Constituição Federal).

Seguindo na resposta da segunda pergunta do modelo garantista de Ferrajoli (quando e como proibir), o primeiro axioma invocado é o da *nulla necessitas sine injuria* (não há necessidade sem lesão ou perigo de lesão ao bem jurídico). Cabe anotar que o princípio correspondente é o da lesividade ou da ofensividade do evento delituoso. Dentro dessa perspectiva, a lesividade visa à tutela dos bens jurídicos protegidos pela norma penal. Dessa forma, não se pode consagrar a criminalização de condutas que não ofendam bens jurídicos de caráter penal e que sejam relevantes, sendo ilegítima a intervenção penal em crimes de perigo abstrato.

Em continuidade à resposta do segundo questionamento, temos o axioma *nulla injuria sine actione* (não há crime sem conduta). Encontra amparo no princípio da materialidade ou exterioridade da ação. Quero enfatizar que o dano ou perigo concreto de dano, ainda que seja extremamente grave, não terá relevância penal quando não é resultante das consequências de uma conduta praticada pelo agente.

Na sequência, em resposta ao segundo quesito, verifica-se o axioma que não há conduta sem culpa *(nulla actio sine culpa)*. Com isso, não há possibilidade de imposição de um castigo sem dolo ou culpa, isto é, que não advenha de uma decisão humana consciente e intencional. Não se pode penalizar quem não entende o caráter ilícito do fato e possa agir com entendimento diverso, diante da incapacidade de compreender e querer. Alfim, há uma proibição clara para que as leis penais possam prever crimes sem dolo ou culpa.

Por fim, em resposta à última pergunta de Ferrajoli (quando e como julgar), temos o axioma da *nulla culpa sine judicio* (não há culpa sem o devido processo legal). O princípio correlato é o da jurisdicionariedade, que se divide em sentido amplo e estrito. Em sentido *lato*, para que exista culpa é necessário um reconhecimento judicial. No sentido estrito, deve existir uma acusação formal, lastreada em provas consistentes, e sujeita à refutação ampla da defesa.

Para responder de forma eficaz ao terceiro questionamento, clama-se pela aplicação do axioma *nullum judicio sine accusatione* (não há processo sem acusação). É a consagração do princípio acusatório que deve nortear a jurisdição penal, e o juiz deve exercer seu *munus* sem produzir provas a favor da acusação ou da defesa, sendo papel do órgão acusatório a feitura da imputação criminal e a produção de provas, fruto do ônus de quem alega algo em juízo, assegurando-se ao acusado o contraditório público e oral, sendo o litígio resolvido pelo órgão competente do Poder Judiciário com base no seu livre convencimento motivado. Não pode o juiz proceder de ofício – art. 3º-A do Código de Processo Penal.

Para que reste respondida de maneira eficiente a última questão, em nosso socorro o axioma *nulla accusatio sine probatione* (não há acusação sem prova que a fundamente). Esse é o princípio do ônus da prova, decorrente do princípio da presunção de inocência, em que compete à acusação a produção da prova a ser utilizada em juízo para que seja quebrada a pressuposição de inocência ou de não culpabilidade. A verdade a ser perseguida é de cunho relativo e formal.

Por último, mas não menos importante, é o axioma da *nulla probatio sine defensione* (não há prova sem defesa). Está vinculado ao princípio da defesa, da indispensável paridade de armas entre a acusação e a defesa. Em outras palavras, é indispensável que sejam concedidos os mesmos meios de produção de provas e recursais, além de outros estritamente ligados ao andamento saudável do processo penal.

Considerando que quando é posta uma demanda penal vigora o princípio da presunção de inocência do acusado, somente será afastada pela prova produzida dentro do processo, respeitando-se o contraditório, assegurando-se o direito de liberdade do acusado. É imperioso se notar que ao acusado deve ser garantida a defesa técnica, que deve ter condições de contraditar todas as provas voltadas a elidir a presunção de inocência. Todas as regras do jogo estão aduzidas na Constituição Federal.

7.4.3 A teoria de Zaffaroni – desenvolvimento do direito penal mínimo – em busca das penas perdidas

Zaffaroni considera que o sistema penal só atua em reduzidíssimo número de casos e a imensa maioria de crimes impunes não generaliza vinganças ilimitadas. Ademais, na América Latina foram cometidos cruéis genocídios que ficaram praticamente impunes, sem que tenham ocorrido episódios de vingança massiva. "As agências judiciais, como objetivo imediato, devem proceder conforme a um discurso que trace os limites máximos da irracionalidade tolerável na seleção criminalizante do sistema penal".

Reproduzo aqui a prestimosa lição de Raúl Zaffaroni: "O *direito penal mínimo* (minimalismo penal ou contração penal), a exemplo do abolicionismo, nega a legitimidade do sistema penal, tal como hoje funciona, mas propõe uma alternativa mínima que considera como mal menor necessário. Esta corrente é tão deslegitimante quanto o abolicionismo em relação aos sistemas penais existentes".[145]

---

[145] ZAFFARONI, Eugenio Raúl. *Em busca das penas perdidas*: A perda da legitimidade do sistema penal. Tradução: Vânia Romano Pedrosa e Amir Lopes da Conceição. Rio de Janeiro: Revan, 1991. p. 89.

7.5 Sistemas penitenciários

Os sistemas penitenciários tiveram sua origem nos Estados Unidos, a partir da criação de prisões na região da Pensilvânia. Nas palavras de Cezar Roberto Bitencourt, "tais estabelecimentos não foram apenas um antecedente importante dos primeiros sistemas penitenciários, mas também marcaram o nascimento da pena privativa de liberdade, superando a utilização da prisão como simples meio de custódia". [146]

Predominantemente, são três os tipos de sistemas penitenciários:

a) Sistema Pensilvânico, ou celular, ou da Filadélfia ou Belga: este sistema foi criado em 1829, com a construção da Penitenciária Oriental (Eastern Penitenciary) na Pensilvânia, Estados Unidos. Esse sistema foi criado para aprisionamento individual do apenado, com o intuito de que ele não tivesse nenhum contato com outros condenados. O que se permitia era o trabalho, dentro da própria cela, a leitura da bíblia e visitas periódicas apenas de médicos, padres ou pastores e dos funcionários do próprio estabelecimento penal. O que se constatou é que este sistema era um modelo extremamente rigoroso de tortura psicológica, que resultou no surgimento de vários casos de loucura e suicídios entre os prisioneiros, o que acarretou a sua falência e consequente abolição dessa estrutura nos Estados Unidos em 1913, embora continuou a estar presente em outros países.

b) Sistema Auburniano: este novo sistema penitenciário surge no presídio em Auburn, estado de Nova York, na tentativa de melhorar os defeitos e rigidez do sistema pensilvânico. Através desse sistema, passou-se a permitir, durante o dia, o aprisionamento e o trabalho em comum entre os presos, porém, em absoluto silêncio e, à noite, o confinamento solitário.

Assim, enquanto no sistema pensilvânico os presos ficavam sozinhos e reclusos durante todo o dia, no auburniano, os presos podiam se reunir com outros presos, com a finalidade de trabalhar. Nesse sentido, pode-se dizer que o que se buscava com este modelo era a estrita obediência do preso, a segurança do estabelecimento penal e a utilização da mão de obra do apenado. Entretanto, apesar de o sistema auburniano ter proporcionado o trabalho em comum entre os presos e permitido a sua reeducação social e profissional, ele não conferiu o

---

[146] BITENCOURT, Cezar Roberto. *Falência da pena de prisão*: Causas e alternativas. 2. ed. São Paulo: Saraiva, 2001. p. 58.

poder intimidativo da pena, justamente em decorrência desta facilitação de comunicação entre os reclusos.

c) Sistema Progressivo: a partir do século XIX, torna-se evidente o predomínio da pena privativa de liberdade face à pena de morte no sistema penal, com isso, ganha força a necessidade de um sistema penitenciário que confira maior importância ao recluso, com a possibilidade de que a pena de prisão não seja executada com um rigor exacerbado e que o preso possa ser reinserido ao meio social. Neste panorama, o sistema progressivo surge após a Primeira Guerra Mundial, dissipando-se pelos países europeus.

Este sistema caracteriza-se pela possibilidade de execução da pena de prisão, sem qualquer rigorismo, pelo respeito ao preso, pela atenção ao tempo de duração da condenação, pela boa conduta e pelo efeito ressocializador da pena. Conforme elucida Cezar Roberto Bitencourt, "a meta do sistema tem dupla vertente: de um lado pretende constituir um estímulo à boa conduta e à adesão do recluso ao regime aplicado, e, de outro, pretende que esse regime, em razão da boa disposição anímica do interno, consiga paulatinamente sua reforma moral e a preparação para a futura vida em sociedade".[147]

Por oportuno, Fernandes e Fernandes salientam: "O sistema penitenciário progressivo parece satisfatório, sobretudo quando se trata de penas de longa duração. Propiciando, sem maior rigorismo, ciclos de suavização da pena que podem culminar com a normal reinserção comunitária do preso quando em liberdade".[148] Este foi o modelo adotado pelo sistema penal brasileiro.

7.6 Medida de segurança

O instituto Medida de Segurança foi previsto inicialmente no Código Italiano de 1889, sempre amplamente difundido e hoje encontra-se disseminado por vários ordenamentos jurídicos pelo mundo. Com a finalidade preventiva de retirar do meio social aquele que comete crimes, a Medida de Segurança surge como uma forma especial de segregação, não uma segregação física, como na pena privativa de liberdade, mas sim psicológica, visando segregar, corrigir e tratar o delinquente.

---

[147] *Ibidem*, p.83.
[148] FERNANDES, Newton; FERNANDES, Valter. *Criminologia Integrada*. 2. ed. São Paulo: Revista dos Tribunais, 2002. p. 663-664.

Desde a reforma da parte geral do Código Penal, promovida em 1984, o nosso sistema é o vicariante, em que o juiz, de acordo com a prova produzida nos autos, aplica a pena em caráter condenatório, ou absolve o réu aplicando medida de segurança, não se adotando o sistema do duplo binário, em que é possível a aplicação cumulativa de pena e medida de segurança.

As medidas de segurança são sanções aplicadas a pessoas que praticam o crime, mas que são destituídas de imputabilidade, ou seja, de entender o caráter ilícito do fato e de se comportar de acordo com esse entendimento. O fundamento da medida de segurança está na ausência da sanidade mental, o que acarreta uma desconexão com a capacidade psíquica ou mesmo da periculosidade do agente no momento da prática criminosa.

Nesta linha de argumentação, pode-se afirmar que as medidas de segurança possuem um caráter preventivo e terapêutico, afastando-se das penas, que são caracterizadas por sua natureza retributiva e reeducativa.

Ponto que provoca polêmica em sede doutrinária e no âmbito jurisprudicional é o tempo de duração das medidas de segurança. Como se trata de medidas impostas a inimputáveis ou semi-imputáveis, de acordo com a dicção do art. 26, do Código Penal, aqueles que possuem o desenvolvimento mental incompleto ou retardado, o agente pode cometer a conduta criminosa durante um surto psicótico, sendo de todo recomendável para a proteção do contexto social a internação em hospital de custódia ou tratamento psiquiátrico, dada o grau de periculosidade do agente para a sociedade. Para os indivíduos de alta periculosidade, na forma do art. 96, do Código Penal, o ideal é o tratamento psiquiátrico.

Por outro lado, nas situações menos drásticas, pode ser aplicado o tratamento ambulatorial, com o escopo de que o acompanhamento médico seja realizado fora do regime de internação severa.

Não é despiciendo se lembrar de que periodicamente o indivíduo deverá ser submetido ao exame pericial para avaliar a situação de risco social do agente. No caso que averiguada a cessação da sua periculosidade, a medida de segurança é encerrada e a pessoa é devolvida ao contexto social. Todavia, em caso de persistência da situação clínica, a medida será prorrogada por prazo não definido em lei, sendo fixado pela jurisprudência da Suprema Corte o prazo de 30 anos.[149] Observo que o tempo de duração da medida de segurança não deve ultrapassar o limite mínimo da pena abstratamente cominada ao delito praticado, de acordo com a súmula nº 527 do STJ.[150]

---

[149] Nesse sentido: "AGRAVO REGIMENTAL NO *HABEAS CORPUS* – EXECUÇÃO PENAL – IMPUGNAÇÃO DEFENSIVA – INTERNAÇÃO – TEMPO DE DURAÇÃO – TEMPO MUITO SUPERIOR À PENA MÁXIMA COMINADA AO CRIME COMETIDO PELO EXECUÇÃO, QUAL SEJA, DE AMEAÇA – ILEGALIDADE, NÃO OCORRÊNCIA – TEMPO INDETERMINADO – AGRESSIVIDADE COMPROVADA POR LAUDO MÉDICO RECENTE – PRAZO MÁXIMO DE 30 ANOS, CONFORME JULGADOS DO STF – RECURSO IMPROVIDO – 1- Nos termos do atual posicionamento desta Corte, o art. 97, §1º, do Código Penal, deve ser interpretado em consonância com os princípios da isonomia e da razoabilidade. Assim, o tempo de cumprimento da medida de segurança, na modalidade internação ou tratamento ambulatorial, deve ser limitado à pena máxima abstratamente cominada ao delito perpetrado ou ao limite de 30 (trinta) anos estabelecido no art. 75 do Código Penal, caso o máximo da pena cominada seja superior a este período. (...) (RESP Nº 964.247/DF, RELATORA MINISTRA LAURITA VAZ, QUINTA TURMA, JULGADO EM 13.03.2012, DJE DE 23/3/2012.) – 2- (...) – II- Esta Corte, todavia, já firmou entendimento no sentido de que o prazo máximo de duração da medida de segurança é o previsto no art. 75 do CP, ou seja, trinta anos. Precedente. (...) (HC 98360, Relator(a): RICARDO LEWANDOWSKI, Primeira Turma, julgado em 04.08.2009, DJe-200 DIVULG 22.10.2009 PUBLIC 23.10.2009 EMENT VOL-02379-06 PP-01095). 3- No caso, conforme laudo médico oficial pericial, efetuado em data recente, 29/09/2023, constou que o internado tem histórico de internações frequentes e que embora a genitora seja responsável pelo agravante e o visite frequentemente, ela mesma alegou não ter condições e estrutura emocional para conviver com o mesmo, devido ao quadro de agressividade. Registre-se, no ponto, que o agravante é portador de esquizofrenia e a ameaça de morte por ele praticada foi contra a própria mãe, a qual já foi por ele agredida por diversas ocasiões. Além disso, conforme a própria defesa relatou, a última vez que o apenado foi internado se deu em 15.12.2018, estando, portanto longe do prazo máximo estipulado pelo STF. Por fim, atente-se que o juízo de origem determinou a prorrogação da medida de segurança somente até a confecção do plano de desinstitucionalização pela equipe de avaliação e acompanhamento das medidas terapêuticas aplicáveis a pessoa com transtorno mental em conflito com a lei ou até o dia 28.05.2024. 4- Agravo Regimental não provido (STJ – AgRg-HC 902499/AL – (2024/0111516-4) – Rel. Min. Reynaldo Soares da Fonseca – DJe 29.04.2024).

[150] AGRAVO REGIMENTAL EM *HABEAS CORPUS* – EXECUÇÃO PENAL – SENTENCIADO SUBMETIDO À MEDIDA DE SEGURANÇA DE INTERNAÇÃO – SÚMULA Nº 527 DO STJ – PERÍODO MÍNIMO DE EXECUÇÃO DA MEDIDA – 3 (TRÊS) ANOS – PRAZO NÃO CUMPRIDO – MANUTENÇÃO DA MEDIDA – CRIMES GRAVES - FUNDAMENTAÇÃO IDÔNEA – AUSÊNCIA DE FLAGRANTE ILEGALIDADE – AGRAVO DESPROVIDO – 1- O art. 97, §1º, do Código Penal estabelece que a medida de segurança de internação ou de tratamento ambulatorial deve se dar por tempo indeterminado, até que se verifique a efetiva cessação da periculosidade do indivíduo, sendo o prazo mínimo de 1 (um) a 3 (três) anos. 2- Trata-se de previsão legal que deve ser interpretada em conformidade com a redação da Súmula nº 527 /STJ: "O tempo de duração da medida de segurança não deve ultrapassar o limite máximo da pena abstratamente cominada ao delito praticado". 3- Não se olvida a possibilidade de desinternação de pacientes após o transcurso do prazo mínimo de 01 (um) ano, contudo, no caso tal aplicação não se mostra recomendável, dado o alto grau de periculosidade do custodiado em razão da prática de delitos de alto potencial ofensivo (art. 157, §3º, II, c/c art. 14, II, ambos do Código Penal). 4- No caso, o período mínimo de execução da medida de segurança sequer foi alcançado (pouco mais de 1 ano e 09 meses), o que afasta a possibilidade de desinternação, mesmo após a constatação do laudo. 5- Agravo

Situação singular é o caso de João Acácio Pereira da Costa, conhecido como "bandido da Luz Vermelha", que, após cumprir um período de 30 anos preso, tempo máximo de prisão permitido à época, e ser devolvido à sociedade em 26 de agosto de 1997, morreu quatro meses e vinte dias depois vítima de um tiro de espingarda, logo em seguida a uma briga num bar, sendo o algoz absolvido por ter agido em legítima defesa. Um típico caso que deveria ser aplicada a medida de segurança ao invés da pena.

De acordo com Fernandes e Fernandes, no ordenamento jurídico brasileiro as medidas de segurança podem ser classificadas em dois tipos quanto à sua natureza: Patrimonial e Pessoal. São, nas suas palavras: "As medidas de segurança de natureza patrimonial (interdição de estabelecimento comercial ou industrial ou sociedade que sirva à prática de ato criminoso; confisco etc.) e de natureza pessoal. As medidas de segurança pessoal podem ser detentivas (internação em manicômio judiciário; internação em casa de custódia e tratamento; internação em colônia agrícola etc.) e não detentivas (liberdade vigiada; proibição de frequentar determinados lugares; exílio local etc.)". Ainda de acordo com os citados autores: "deverão ser internados em manicômio judiciário os indivíduos totalmente inimputáveis. Serão internados em casa de custódia e tratamento os fronteiriços ou semi-imputáveis e aqueles condenados por crimes cometidos em estado de embriaguez pelo álcool ou substância de efeitos similares se habitual a embriaguez ou o comprometimento tóxico. Merecerão internamento em colônia agrícola ou instituto de reeducação ou trabalho aqueles condenados por crime doloso, se reincidentes, e desde que já tenham cumprido a respectiva pena privativa de liberdade".[151]

7.7 Pena de morte

A pena de morte é um tema polêmico e amplamente alvo de uma série de controvérsias. Para os defensores da aplicação da pena de morte, esta medida se torna necessária para os crimes de maior gravidade e detentores de grande reprovação social, como estupro seguido de morte, latrocínio, homicídio qualificado pelo meio cruel, terrorismo,

---

regimental não provido (STJ – AgRg-HC 779473/SC – (2022/0337503-8) – 5ª T. – Rel. Min. Ribeiro Dantas - DJe 24.03.2023).

[151] *Ibidem*, p. 666-667.

tráfico de drogas e traição, dentre outros, associados ao fato de que o criminoso seja realmente o autor do delito e que esse seja irrecuperável.

Em alguns países, a exemplo dos Estados Unidos, a pena de morte é admitida em diversas jurisdições estaduais, ao passo que na maioria dos países europeus a pena de morte foi totalmente extirpada. Outrossim, como o crime é uma vertente de uma carga moral, a pena de morte é influenciada de acordo com a cultura, a religião, a história e, especialmente, os valores sociais vigentes. Na China, até hoje, a pena de morte é aplicada como instrumento eficaz para a manutenção da ordem social. Já nos países nórdicos, a pena de morte é considerada como execrável em qualquer circunstância, sendo eminentemente abominável.

Digno de registro é que no Canadá e na Austrália, países de colonização inglesa, igual aos Estados Unidos, a pena de morte foi abolida, sendo substituídas por penas de prisão mais severas. Contudo, como já advertiu Beccaria, por três razões a pena de morte é excluída: é ilegítima (teoria do contrato social), inútil e desnecessária. Desta forma, a crueldade dos suplícios e da execução é desnecessária e inútil porque não cumpre nenhum desiderato social, apenas se apaga uma vida pela intolerância. Entrementes, Beccaria admite como possível a pena de morte em duas hipóteses: quando o condenado punido permanece ameaçando o poder constituído; e quando há o predomínio da anarquia, em nítido desrespeito às leis, sendo o único meio de inibir a prática delitiva.

Nessa linha de intelecção, segundo aqueles que são contrários ao uso da pena de morte para o controle social, o argumento é de que a vida é dom divino, e que só Deus poderia ceifar a vida do homem. Para os adeptos da pena de morte, não é aceito, porque a vida é um fenômeno eminentemente social, e quem não vive de acordo como as leis sociais, não está apto a viver em comunidade e, assim, a adoção da pena de morte teria uma função intimidativa para evitar novas ações delituosas. E, assim, sem a pena de morte, o criminoso não mudaria seu comportamento delitivo, e continuaria com seu comportamento perigoso e irrecuperável.

Com a pena capital é irreversível, um erro judiciário pode ser uma fatalidade indesculpável. Nessa seara, o direito à defesa deve ser amplo e os processos extremamente complexos, com investigações minuciosas, julgamentos imparciais, recursos das mais diversas ordens e possibilidades de revisões por Tribunais Superiores, o que nem sempre se verifica. Em alguns ordenamentos jurídicos, é possível a instituição de comitês de revisão antes da pena de morte ser executada, com o escopo da diminuição dos erros judiciários, visando à consagração da manutenção do direito à vida, que é um bem irrenunciável.

Sócrates, o maior filósofo de todos os tempos, foi condenado à morte depois de um julgamento bastante controverso, preferindo tomar a cicuta (veneno) para respeitar as leis da sua cidade. De igual modo, Jesus Cristo teve um julgamento popular no qual foi condenado e executado através da crucificação, sendo hoje considerado um meio cruel e extremamente desumano. Lembro de que o filósofo Sêneca também foi condenado à pena de morte por Nero, Imperador romano e seu pupilo, tendo uma morte lenta e cruel.

Na Constituição norte-americana, há a proibição de penas cruéis e seletivas, o que levou a Suprema Corte a ponderar a constitucionalidade de leis estaduais que preveem a pena de morte. O certo é que, na maioria das legislações, do mundo civilizado, o diálogo respeitoso e as penas proporcionais e justas, exclui a possibilidade da pena de morte do rol das condenações possíveis, salvo em tempos de guerra.

7.8 Sociedade disciplinar – Vigiar e punir

Tamanha a importância de controle social que se criou um verdadeiro sistema hierarquizado de vigilância, sendo consequência a punição com a utilização da técnica de controle. Eis que se apresenta a sociedade disciplinar, agora já ultrapassada pela sociedade do cansaço.

De maneira esquemática, a sociedade disciplinar é embasada na técnica de controle através da observação hierárquica, seja do pai, da mãe, do patrão, do diretor do hospital ou diretor do presídio, impondo um julgamento normalizador (adote-se um comportamento socialmente aceitável), somos obrigados a reproduzir o que nos é passado pela tradição sem qualquer contestação, seja por meio da força (obrigação), seja por meio da verdade (conhecimento científico).

Para arregimentar o sucesso dessa técnica de controle, utiliza-se o meio da documentação, seja através do histórico escolar, do registro hospitalar (prontuário médico) ou da ficha criminal, visando tutelar por completo o comportamento humano no meio social, numa espécie de *big bhother*, em que o grande irmão toma as decisões pelo outro com maior "acerto".

Outro fator marcante a se ressaltar é que, para Foucault, poder e saber são vislumbrados como inseparáveis. Segundo o pensamento de Michel Foucault, determinado conjunto de saberes são sustentados institucionalmente por um determinado poder, e esse, ao mesmo tempo que sustenta esse saber, é legitimado por ele. De forma amalgamada, o poder força o indivíduo a se curvar ao saber. Em sendo assim, se o indivíduo reproduz o saber (verdade), ele será bem-sucedido. Por outro lado, se ele contesta o saber, será repreendido frontalmente pelo poder.

Todo o arcabouço burocrático é mantido pelo seguinte tripé: disciplina; controle; e produtividade. O ser humano deve ser disciplinado, o máximo produtivo e rentável, produzindo "corpos dóceis". Em outras palavras, corpo dócil é aquele que não contradiz o poder político, e é um corpo economicamente rentável. Assim, deve ser extraído o máximo possível do corpo. Neste cenário, o indivíduo é treinado desde pequeno para ser um trabalhador produtivo, como se fosse uma máquina de produção em série, tal como retratado no filme "Tempos Modernos", estrelado por Charles Chaplin. O argumento principal para a obediência é que será bom para o aluno, o preso ou o doente mental.

A Sociedade Industrial/Capitalista precisa que a pessoa desempenhe várias funções, não pode pegar o camponês e jogar na cidade, pois ele não será produtivo. Precisa de toda essa engenharia corporal, todas as técnicas de dominação e disciplinares. Há transformação do camponês na pessoa que o sistema capitalismo precisa. Passa a ser um estudante, trabalhador, um soldado, um consumidor.

7.9 Modelo do panóptico criado por Jeremy Benthan e sua evolução

Seguindo a lógica utilitarista, Jeremy Benthan forjou a ideia de que o direito penal exercia um papel muito importante no controle e na formação do comportamento das pessoas. Ele desenvolve um modelo prisional com extrema eficiência dos até então existentes, que tinha por objetivo moldar o comportamento das pessoas de forma exemplar. Na fala do próprio Benthan:

> Bem sei que para a maior parte dos homens não senão o medo; mas devemos ter em vista, dizia Pastoret, que Deus é o único juiz, e vingador do pecado, e que se as leis humanas castigam é só com o fim de restabelecer a ordem social... Castigai com uma sábia economia, sem privilégios, que derroguem todo o merecimento da justiça, que as penas carreguem o menos que for possível sobre o criminoso, ainda que sejam

as mais fortes na aparência, tal, a doutrina do Autor, ajustar quanto puder ser a pena com o delito.[152]

Se antes o modelo prisional mais eficiente era a torre do castelo, quando o aprisionado ficava sozinho e jogavam a chave fora, enquanto no calabouço o guarda ficava tomando conta do preso, existindo um alto custo na manutenção desse sistema, mostrando-se inviável e ineficiente, Benthan elabora um modelo mais eficiente para controlar o comportamento humano, com monitoramento constante e mais barato, denominado panóptico (etimologicamente *pan*: todos; *óptico*: olhar). Inaugura-se um tipo de prisão circular, com vários andares, celas, pátrio e no meio fica a torre de observação. Vários presos e uma só pessoa para vigiar. O vigia vai ter a visão de todo mundo. Quem está na cela não sabe o que está acontecendo nas demais celas. Só sabe que está sendo vigiado pelo vigilante da torre central. É como descreve Foucault: "induzir no detento um estado consciente e permanente de visibilidade que assegura o funcionamento automático do poder(...) Enfim, os detentos se encontram presos numa situação de poder de que eles mesmos são portadores".[153]

O contorno geral do instituto está vazado na premissa de que o preso que tem um comportamento delinquente tem que sair da prisão com um comportamento adequado com as normas sociais. Seguindo essa lógica, o preso tem que ser disciplinado para poder voltar para a sociedade.

As três ideias fundamentais, resumidas pelo próprio Benthan:

> **1º Um edifício circular**, ou polígono com seus quartos a roda de muitos andares, que tenha no centro um quarto para o inspetor poder ver todos os presos, ainda que eles não o vejam, e donde os possa fazer executar as suas ordens sem deixar o seu posto.
> **2º Administração por contrato.** Que um particular se encarregue de sustentar os presos, dando-se um tanto por cada um, ficando ele com o lucro do que eles trabalharem, bem entendido, que a qualidade do trabalho deve ficar na libertação sem restrição.
> **3º Responsabilidade do Administrador.** Este homem é, por assim dizer, o fiador e abonador das vidas de cada um dos presos. Devo receber

---

[152] BENTHAN, Jeremy. *Teoria das penas legais e Tratado dos sofismas políticos.* Supervisão: Claudio de Oliveira Benedito. São Paulo: Edijur, 2002. p. 13-14.
[153] FOUCAULT, Michel. *Vigiar e punir.* Nascimento da prisão. Tradução: Raquel de Ramalhete. 42. ed. Petrópolis-RJ: Vozes, 2014. p. 191.

um tanto pelos que podem morrer no espaço de um ano, orçando-se a conta pouco mais ou menos por um cálculo médio, feito sobre as idades, contando, porém, que seja obrigado a dar a soma por cada um dos que morreram ou fugirem, é como um segurador da vida e guarda dos presos; ofício penoso, pois que sua atividade pende a saúde e cômodo dos que estão ao seu cuidado.

A publicidade é o remédio mais eficaz contra os abusos. As cadeias da Europa estão cobertas de um véu escuríssimo, o Panóptico e, por assim dizer, transparente, deve estar aberto a toda hora para receber qualquer Ministro; deve estar patente a todo o mundo a certas horas, ou em certos dias. Os espectadores introduzidos no camarote central terão, juntamente diante aos olhos, toda a cena interior, tantas testemunhas, tantos juízes do teor e situação dos presos.[154]

Foucault afirma que o poder predominante na nossa sociedade é o poder disciplinar, que vai substituir o poder soberano dos reis e juízes. Não se mata nem se tortura mais o indivíduo, mas vai discipliná-lo, para que sua volta para a sociedade possa contribuir com o pagamento pelo crime que cometeu, continuando sua vida com dignidade, exercendo a pena uma função negativa (repressora), bem como uma função positiva (constitutiva), servindo como modelos para escolas, exército, igrejas, fábricas, presídios e hospitais, impondo um determinado tipo de comportamento a um grupo de indivíduos através do esquema panóptico. Como alertava o próprio Foucault:

> O momento histórico das disciplinas é o momento em que nasce uma arte do corpo humano, que visa não unicamente o aumento de suas habilidades, nem tampouco aprofundar sua sujeição, mas a formação de uma relação que no mesmo mecanismo o torna tanto mais obediente tanto mais é útil, e inversamente. Forma-se uma política das coerções que são um trabalho sobre o corpo, uma manipulação calculada de seus elementos, de seus gestos, de seus comportamentos. O corpo humano entra numa maquinaria de poder que o esquadrinha, o desarticula e o recompõe.[155]

De qualquer sorte, transcrevo a crítica aguçada de Zigmunt Bauman:

---

[154] *Ibidem*, p. 129-130.
[155] FOUCAULT, Michel. *Vigiar e punir*. Nascimento da prisão. Tradução: Raquel de Ramalhete. 42. ed. Petrópolis-RJ: Vozes, 2014. p. 135.

Tal como o vejo, o panóptico está vivo e bem de saúde, na verdade, armado de músculos (eletronicamente reforçado, "ciborguizados") tão poderosos que Benthan, ou mesmo Foucault, não conseguiria nem tentaria imaginá-lo; mas ele claramente deixou de ser o padrão ou a estratégia universal de dominação na qual esses dois autores acreditavam em suas respectivas épocas; nem continua a ser o padrão ou a estratégia mais comumente praticados. O panóptico foi tirado de seu lugar e confinado às partes "não administráveis" da sociedade, como prisões, campos de concentração, clínicas psiquiátricas e outras 'instituições totais".[156]

Um alerta pronunciado por Loïc Wacquant aqui se faz necessário: "A etapa seguinte no estreitamento da vigilância das populações precárias consistirá em concectar arquivos sociais e arquivos policiais, para, por exemplo, melhor aplicar as decisões de suspensão dos subsídios familiares em caso de delinquência reincidente de adolescente (é o caso de várias dezenas de milhares de famílias anualmente) ou para encontrar tal testemunha ou suspeito retraçando ramificações das ajudas sociais".[157]

7.10 A sociedade do desempenho deflagra a sociedade do cansaço (burnout)

Para o filósofo sul-coreano Byung-Chul Han, no século XXI não prevalece mais a sociedade disciplinar, mas uma sociedade do desempenho, constituída para academia fitness, prédios de escritórios, bancos, aeroportos, shoppings centers e laboratórios de genética. Seus habitantes não se chamam mais sujeitos da obediência, mas sujeitos de desempenho e da produção.

Penso poder concluir atualmente que os muros das instituições disciplinares, que delimitam os espaços entre o normal e o anormal, tornaram-se arcaicos. A analítica do poder de Foucault não pode descrever as modificações psíquicas e topológicas que se realizaram com a mudança da sociedade disciplinar para a sociedade do desempenho.

Valho-me aqui do escólio de Nilo Batista para esclarecer a questão, mostrando a íntima relação entre direito penal e sociologia: "O direito penal vem ao mundo (ou seja, é legislado) para cumprir funções

---

[156] BAUMAN, Zugmunt. *Vigilância líquida*. Tradução: Carlos Alberto Medeiros. São Paulo: Zahar, 2014. p. 76.
[157] WACQUANT, Loïc. *As prisões da miséria*. Tradução: André Telles. Rio de Janeiro: Jorge Zahar, 2001. p. 125.

concretas *dentre de e para uma* sociedade que concretamente se organizou de *determinada maneira*. O estudo aprofundado das funções que o direito cumpre dentro de uma sociedade pertence à *sociologia jurídica*, mas a jurista iniciante deve ser advertido da importância de tal estudo para a compreensão do próprio direito".[158]

Considero conveniente utilizar as palavras do próprio Byung Chul-Han para explicar a mudança:

> A analítica do poder de Foucault não pode descrever as modificações psíquicas e topológicas que se realizaram com a mudança da sociedade disciplinar para a sociedade de desempenho... A sociedade disciplinar é uma sociedade da negatividade. É determinada pela negatividade da proibição... A sociedade de desempenho vai se desvinculando cada vez mais da negatividade. Justamente a desregulamentação crescente vai abolindo-a. O *poder* ilimitado é o verbo modal positivo da sociedade de desempenho. O plural coletivo da afirmação *yes, we can* expressa precisamente o caráter da positividade da sociedade de desempenho. No lugar de proibição, mandamento ou lei, entram projeto, iniciativa, motivação. A sociedade disciplinar ainda está dominada pelo *não*. Sua negativa gera loucos e delinquentes. A sociedade do desempenho, ao contrário, produz depressivos e fracassados.[159]

Para elevar a produtividade, o paradigma da disciplina é substituído pelo paradigma do desempenho, quando o sujeito é levado à exaustão (síndrome de *burnout*), com o esgotamento total das suas forças físicas e mentais, acarretando enfermidades, como a depressão, o estresse e a ansiedade, erigindo-se uma sociedade doente, com um aumento significativo das doenças mentais.

O inconsciente social e o desejo de maximizar a produção são os alicerces da sociedade do desempenho. "Para elevar a produtividade, o paradigma da disciplina é substituído pelo paradigma do desempenhou pelo esquema positivo do poder, pois a partir de um determinado nível de produtividade, a negatividade da proibição tem um efeito de bloqueio, impedindo maior crescimento. A positividade do poder é bem mais eficiente que a negatividade do dever. Assim o inconsciente social do dever troca de registro para o registro do poder. O sujeito de

---

[158] BATISTA, Nilo. *Introdução crítica ao direito penal brasileiro*. 8. ed. Rio de Janeiro: Revan, 2002. p. 19.
[159] HAN, Byung-Chul. *Sociedade do cansaço*. Tradução: Enio Paulo Giachini. 2. ed. Petrópolis: Vozes, 2019. p. 15.

desempenho é mais rápido e mais produtivo que o sujeito da obediência. O poder, porém, não cancela o dever. O sujeito de desempenho continua disciplinado. Ele tem atrás de si o estágio disciplinar".[160]

Tudo isso acarreta depressão, entretanto: "o que nos torna depressivos seria o imperativo de obedecer apenas a nós mesmos. Para ele, a depressão é a expressão patológica do fracasso do homem pós-moderno em ser ele mesmo... Ele passa por alto também a violência sistêmica inerente à sociedade de desempenho, que produz *infartos psíquicos*. O que causa a depressão do esgotamento não é o imperativo de obedecer apenas a si mesmo, mas a *pressão de desempenho*... O homem depressivo é um animal *laborans* que explora a si mesmo e, quiçá deliberadamente, sem qualquer coação estranha. É agressor e vítima ao mesmo tempo".[161]

O grande dilema é que o sujeito do desempenho trava uma guerra consigo mesmo. A depressão é uma moléstia oriunda do excesso de positividade, o que revela a humanidade da guerra travada consigo mesmo. Estamos todos num beco sem saída.

Essa sociedade do cansaço certamente produzirá desempregados e um exército de *walking deads*, que precisam ser alimentados e se sustentarem, bem como sua família. Mas reflete também um cansaço de potência positiva, o que pode desaguar em atividades ilícitas para conseguir o mínimo necessário para a sobrevivência, sendo, por óbvio, objeto de estudo criminológico num futuro próximo, buscando uma saída para esse problema do esgotamento do nível de controle exercido.

---

[160] *Ibidem*, p. 15-16.
[161] *Ob. cit.*, p. 17.

MÍDIA, REDES SOCIAIS E CRIMINOLOGIA

"Esses estão longe de serem espíritos livres: eles creem ainda na verdade (...)".
Friedrich Nietzsche.

8.1 Os meios de comunicação de massa e a *internet* como fator criminológico na sociedade pós-moderna

Vivemos na sociedade pós-moderna, em que os estímulos violentos despertados nas pessoas e propagados pelas mídias e redes sociais são encampados em grande monta por discursos radicais oriundos de programas policiais sensacionalistas no rádio e na televisão. O império das opiniões (*doxa*), sem lastro em elementos científicos comprovados, é baseado apenas no senso comum, constroem-se opiniões açodadas e destituídas de provas, o que colabora para espraiar uma sensação de insegurança no seio social, com notícias sobre crimes com nítido viés sensacionalista. O dano à imagem e à sanidade mental das pessoas atingidas é irreparável. Eis a moldura perfeita a ser encaixada no quadro dessa sociedade pós-moderna. O desafio para desvendar essa esfinge é gigantesco.

Para se ter a dimensão do problema a ser enfrentado, assim dispara Yuval Harari: "Em gerações recentes, a humanidade tem visto o maior aumento de todos os tempos tanto na quantidade quanto na velocidade de nossa produção de informação. Cada smartphone contém mais informação que a antiga Biblioteca de Alexandria e permite que seu usuário se conecte instantaneamente a bilhões de outras pessoas no mundo inteiro. Todavia, apesar de toda essa informação circulando a velocidades estonteantes, a humanidade está mais próxima do que nunca da autoaniquilação".[162]

Ao que me parece, não entendo como é adequado ver o fenômeno por esse prisma. De igual modo, pensa Rogério Greco: "O convencimento é feito por intermédio do sensacionalismo da transmissão de imagens chocantes, que causam revolta e repulsa no meio social. Homicídios cruéis, estupros de crianças, presos que, durante rebeliões, torturam suas vítimas, corrupções, enfim, a sociedade, acuada, acredita sinceramente que o Direito Penal será a solução de todos os seus problemas".[163] Ou nas palavras de Chomsky: "Como a domesticação do rebanho desorientado nunca é perfeita, a batalha é permanente."[164]

Uma das expressões mais consagradas na obra do sociólogo francês Pierre Bourdieu é a "ilusão naturalista", usada para se referir ao senso comum, ou seja, alguma coisa que entendemos como certo, verdadeiro e irrefutável, mas que não encontra correspondência perfeita com a realidade subjacente. É exatamente isso que ocorre com a opinião pública em relação ao crime, que é totalmente manipulável ao sabor dos interesses em jogos defendidos pela mídia e pelas redes sociais, principalmente em tempos de *fakenews*. Criam-se as bruxas pós-modernas com docilidade.

Preciosa é a lição de Freud neste ponto: "É difícil escapar a impressão de que em geral as pessoas usam medidas falsas, de que buscam poder, sucesso e riqueza para si mesmas e admiram aqueles que os têm, subestimando os autênticos valores da vida. E, no entanto, corremos o risco, num julgamento assim genérico, de esquecer a variedade do mundo humano e de sua vida psíquica.

Existem homens que não deixam de ser venerados pelos contemporâneos, embora sua grandeza repouse em qualidades e realizações inteiramente alheias aos objetivos e ideais da multidão. Provavelmente, há de se supor que apenas uma minoria reconhece esses grandes homens, enquanto a maioria os ignora. Mas a coisa pode não ser tão

---

[162] HARARI, Yuval. *Nexus*: uma breve história das redes de informação, da Idade da Pedra à inteligência artificial. Tradução: Berilo Vargas. São Paulo: Companhia das Letras, 2024. p. 16.
[163] GRECO, Rogério. *Direito Penal do Equilíbrio*: Uma visão minimalista do Direito Penal. Niterói: Impetus, 2005. p. 16-17.
[164] CHOMSKY, Noam. *Mídia. Propaganda e manipulação*. Tradução: Fernando Santos. São Paulo: Martins Fontes, 2013. p. 33.

simples, devido à incongruência entre as ideias e os atos das pessoas e à diversidade dos seus desejos.[165]

Estamos no âmbito da ciência criminológica. Portanto, aqui a ideia de destino é pouco prestigiada. Em verdade, no mundo social em que vivemos, vamos nos tornando agentes sociais e exercendo papéis sociais, e, ao longo de uma série variada de elementos de socialização, aprendemos como devemos nos comportar em sociedade. Então, não cumprimos algo predeterminado, mas somos como uma tábua rasa que vamos escrevendo nossa história pouco a pouco no dia a dia, de acordo com o comportamento social padronizado em cada época, comportamento esse derivado de uma série de aprendizados sociais dentro de um contexto social de caráter pedagógico permanente. A vida vai mudando, e temos que nos adaptar a essas mudanças, sob pena de sofrermos as sanções sociais correspondentes.

Em consonância com o pensamento até aqui exposto, constata-se que as verdadeiras causas do comportamento não possuem uma raiz cromossômica ou biológica, como enunciava Lombroso, mas a razão está calcada no meio social em que estamos inseridos, que molda nosso comportamento. Isso sem laivos de dúvidas. É a conhecida história de dois irmãos gêmeos, criados em países diferentes, por pais com temperamentos diferentes, em culturas diversas, que certamente pensariam diferente, vestiriam-se diferente e falariam línguas diversas.

A figura do crime e do criminoso são construídos pela mente humana, tal qual foi criada a matemática, pois não existem condutas criminosas com caráter ontológico. Então, a conduta tida como criminosa é uma etiqueta selecionada pelo legislador e formalizada pela lei penal em caráter abstrato (processo de criminalização primária).

Todavia, esse processo está sujeito à manipulação de diversas ordens quando é praticada uma conduta concreta, inclusive, por parte da mídia e das redes sociais, com as informações colhidas pelos meios de comunicação junto à Polícia, ao Ministério Público e ao próprio Poder Judiciário. Considerando que as informações obtidas nem sempre são informações fidedignas, e nem todos têm a preocupação de checar tal informação antes de publicizá-las. É o conhecido processo de criminalização secundária.

---

[165] FREUD, Sigmund. *Mal estar na civilização*. Tradução: José Octávio de Aguiar Abreu. Rio de Janeiro: Imago, 1997. p. 9.

Um problema criminológico evidente que não tem sido tratado pela mídia é o suicídio, encarado no Brasil e no mundo inteiro como um tabu. Como nos alerta André Trigueiro: "Na maioria absoluta dos veículos de comunicação, prevalece o entendimento de que as notícias sobre suicídio podem precipitar a ocorrência de novos casos. Por conta disso, em boa parte das mídias, nada se diz, nada se fala, nada se comenta. Na prática, é como se não houvesse suicídios no Brasil e no mundo. Em nome da prudência, elimina-se o assunto do noticiário. Será essa a melhor estratégia? Para os suicidologistas, a resposta é definitivamente 'não'".[166]

8.2 A sensação de insegurança propagada pela mídia, a expansão do direito penal e o direito penal simbólico

Os direitos consagrados na Constituição Federal como os da liberdade da manifestação do pensamento e de expressão, sendo vedado o anonimato, são considerados como direitos fundamentais. De igual modo, é um direito fundamental à intimidade, à vida privada, à imagem e à honra das pessoas.[167] Muitas vezes, ambos os direitos citados entram em rota de colisão: qual direito deve prevalecer no caso concreto? Jacques Bourquim proclama que: "a vida privada do indivíduo é inviolável à bisbilhotice da imprensa, o texto deixa de ser lícito quando o critério desdobra para o insulto".[168]

---

[166] MENDES, André Trigueiro. *Viver é a melhor opção*. 4. ed. São Bernardo do Campo/SP: Correio Fraterno, 2018. p. 36.

[167] Na Bíblia, especificamente no Evangelho de Marcos, já se anunciava essa sabedoria: "Pois que aproveita ao homem ganhar o mundo inteiro e perder a sua vida?".

[168] Nesse sentido, o STF em acórdão paradigmático: **"AGRAVOS REGIMENTAIS EM RECURSOS EXTRAORDINÁRIOS – RECURSOS SUBMETIDOS AO REGIME DO CPC/73** – Agravo regimental interposto por Infoglobo Comunicações Ltda. E outros. Intempestividade. Agravo regimental interposto por Globo Comunicação e Participações S/A e outros. Direito Constitucional. Liberdade de imprensa. Divulgação de conversas gravadas obtidas por meio de interceptação telefônica. Suposta colisão entre a garantia da liberdade de expressão e comunicação e o direito à inviolabilidade da intimidade e da vida privada. Utilização de informações sigilosas obtidas por meios ilícitos. Impossibilidade. 1- Infoglobo Comunicações Ltda. Não observou o prazo cinco dias previsto no art. 317 do Regimento Interno do Supremo Tribunal Federal quando da interposição de seu agravo. 2- Possibilidade de empresa jornalística publicar conversas telefônicas interceptadas e gravadas clandestinamente por terceiros, as quais foram mantidas entre o agravado e outras pessoas, a cujo conteúdo a empresa teve acesso. 3- A liberdade de informação jornalística se justifica em razão do direito dos indivíduos a uma informação correta e imparcial, ao direito de ser informado, desempenhando a referida garantia uma função social ímpar, motivo pelo qual deve ser exercitada de forma livre e desembaraçada. 4- Muito embora nossa Magna Carta traga garantias asseguratórias da liberdade de informação jornalística,

Análises simplistas defensoras da expansão do direito penal e de uma repressão mais severa ao crime não soluciona um problema multifacetado. Exatamente assim que argumenta Jesús-María Silva Sánchez: "É incontestável a relação estabelecida entre a sensação social de insegurança diante do delito e a atuação dos *meios de comunicação*. Estes, por um lado, da posição privilegiada que ostentam no 'seio da informação' e no seio de uma concepção do mundo como *aldeia global*, transmitem uma imagem da realidade na qual o que está distante e o que está próximo têm uma presença quase idêntica na forma como receptor recebe a mensagem".[169] E complementa sua linha de raciocínio: "Junto com os meios de comunicação, não cabe negar que, em certas ocasiões, também as próprias instituições públicas de repressão da criminalidade transmitem imagens oblíquas da realidade, que contribuem com a difusão da sensação de insegurança".[170]

Por força do comando constitucional do art. 1º, o Brasil é uma democracia, que deve ser pautada pela tolerância, pela cidadania e pelo pluralismo político. Vislumbramos com profunda preocupação a era da "infocracia", tal como nos anuncia Byung Chul-Han: "No universo pós-factual das tribos digitais, a opinião não tem mais relação alguma com os fatos. Desse modo, prescinde de toda e qualquer racionalidade...

---

ela elenca também as balizas ao exercício dessa liberdade, no §1º do art. 220, que enumera as normas prescritas no próprio texto constitucional, no art. 5º, incisos IV, V, X, XIII e XIV (livre manifestação do pensamento e vedação ao anonimato;, direito de resposta; possibilidade de indenização por dano à imagem; respeito à intimidade, à vida privada, à honra e à imagem das pessoas; livre exercício de trabalho, ofício ou profissão; direito de acesso à informação e garantia de sigilo da fonte quando necessário ao exercício profissional). 5- Consignou-se, no acórdão recorrido, que a informação em questão, objeto do pedido de impedimento de divulgação, foi obtida mediante a prática de ilícito penal, por interceptação telefônica sem autorização dos interlocutores, em flagrante desrespeito ao direito à intimidade e ao sigilo das comunicações telefônicas. Vê-se, portanto, que não se trata de hipótese habitual de confronto entre liberdade de informação e direitos da personalidade. 6- O controle judicial perpetrado na origem não constituiu censura prévia à informação, mas apenas garantiu que fosse assegurado o sigilo das comunicações telefônicas, uma vez verificada ofensa à liberdade de comunicação alheia. Assim, o cerne da questão posta nos autos não está concentrado na proibição de divulgação das informações e na liberdade de imprensa, bem como na inviolabilidade à intimidade, mas sim na ilicitude perpetrada quando da obtenção do produto objeto da notícia. 7- A liberdade de informação jornalística não legitima a utilização de informações sigilosas obtidas por meios ilícitos. 8- Agravo regimental interposto por Infoglobo Comunicações Ltda. Do qual não se conhece. 9 Agravo regimental interposto por Globo Comunicação e Participações S/A ao qual se nega provimento (STF - AgRg-RE 638360 - Rio de Janeiro - 2ª T. - Rel. Min. Dias Toffoli - DJe 28.05.2020).

[169] SÁNCHEZ, Jesús-María Silva. *A expansão do direito penal: aspectos da política criminal nas sociedades pós-industriais.* Trad.: Luiz Otávio de Oliveira Rocha. São Paulo: Revista dos Tribunais, 2002. p. 37-38.

[170] *Ob. cit.*, p. 39.

Em vez do discurso, tem lugar *uma guerra de identidades*. A sociedade perde, com isso, o comum, o espírito público. Não ouvimos mais o outro de maneira atenta. Ouvir atentamente é um ato político, à medida que só com ele as pessoas formam uma comunidade e se tornam capazes de discursar. Ele promove um nós. A democracia é uma comunidade de escuta atenta. A comunidade digital comunicação sem comunidade destrói a política da escuta atenta. Só ouvimos, ainda, então, a nós mesmos falar. Isso seria o fim da ação comunicativa".[171]

A expansão desmesurada do direito penal é um fenômeno que desagua numa inflação legislativa e no próprio desprestígio do direito penal, porque banaliza a intervenção penal, que deve ser fragmentária e mínima, funcionando sempre como "um soldado de reserva". Em palavras menos congestionadas, somente quando falhar a atuação dos demais ramos do ordenamento jurídico é que legitima a intervenção penal, chegando-se ao ponto que não se tem mais a real noção de quantos crimes existem atualmente em vigor no Brasil. Certamente que existe previsão normativa de mais de 1.000 crimes. Não tem, em algumas hipóteses, como ter consciência da exigibilidade de uma conduta diversa (elemento que exclui a culpabilidade – que faz parte do conceito de crime), até mesmo porque nem os próprios juristas sabem perfeitamente quais são todas as hipóteses abstratas de condutas criminosas.

Some-se a isso, que esta interface acima desenhada, é um verdadeiro certificado da ineficiência dos outros ramos do ordenamento jurídico na resolução dos conflitos submetidos à sua apreciação.

Como explica com grande acuidade Rogério Greco: "A transformação do estado social em estado penal foi a mola propulsora do processo de inflação legislativa que nos aflinge atualmente. O direito penal simbólico se transformou na ferramenta preferida dos nossos governantes, sendo utilizado com a finalidade de dar uma satisfação à sociedade, em virtude do aumento da criminalidade".[172] Não podemos viver num mundo encantado criado pela nossa imaginação para alimentar nossa segurança perdida, que é representada apenas pelo poder simbólico do direito penal.[173]

---

[171] HAN, Byung-Chul. *Infocracia*. Digitalização e a crise da democracia. Tradução Gabriel S. Philipson. Petrópolis: Vozes, 2022. p. 61-62.

[172] *Ob. cit.*, p. 164.

[173] Explica Bourdieu que: "O poder simbólico como poder de constituir o dado pela enunciação, de fazer ver e fazer crer, de confirmar ou de transformar a visão do mundo e, deste modo, a ação sobre o mundo, portanto, o mundo... O que faz o poder das palavras e das palavras de

O drama vivido pela manipulação dos meios de comunicação já foi delineado em nítidos contornos na distopia narrada no livro 1984. Na história da humanidade, quem domina a verdade detém o poder. No Estado de vigilância totalitário criado por George Orwell, a verdade é colocada como uma instância. O Estado é erigido sobre uma mentira evidente que é invocada como verdade. Funda-se o "Ministério da Verdade", que ocupa lugar central no universo distópico Orwelliano. O Ministério controla a informação dos jornais, filmes, teatro e música, praticando a mentira total de maneira impecável, da mesma forma como desvendado pelo estudo sistemático de Pierre Bourdieu sobre a criação do que se considera como opinião pública..

Neste quadrante, a expansão do direito penal, expressão da excessiva criminalização, torna apenas o direito penal simbólico. É o que *ex cathreda* prega Gevan Almeida: "Trata-se de um direito penal simbólico, que não resolve o problema da criminalidade e que serve apenas para dar uma satisfação à opinião pública e à imprensa, que, às vezes com razão, outras vezes por puro sensacionalismo, clama por providências da parte do governo que possam conter a onda de crime violentos que tanto pavor e intranquilidade trazem à população das grandes cidades".[174]

E, logo em seguida, arremata seu pensamento o citado autor com peculiar acuidade: "Criar novos tipos penais, aumentar o número de vagas nas penitenciárias, investir em armas e equipamentos para a polícia, infelizmente, diz a experiência, são medidas paliativas e simbólicas que pouco contribuem (se é que contribuem) para diminuir os índices da criminalidade 'visível' (quanto à 'invisível', podemos afirmar que não produzem o mínimo efeito)".[175]

---

ordem, poder de manter a ordem ou de a subverter, é a crença na legitimidade das palavras e daquele que as pronuncia, crença cuja produção não é da competência das palavras". BOURDIEU, Pierre. *O Poder Simbólico*. Tradução: Fernando Tomaz. 11. ed. Rio de Janeiro: Bertrand Brasil, 2007. p. 14-15.

[174] ALMEIDA, Gevan. *Modernos movimentos de política criminal e seus reflexos na legislação brasileira*. Rio de Janeiro: Lumen Juris, 2002.p. 98.

[175] *Ob. cit.*, p. 103.

8.3 A opinião pública, a mídia e a desmitificação da neutralidade da mídia no pensamento de Pierre Bourdieu

Fator importante, senão crucial, para o convencimento do público das informações veiculadas por parte da mídia, pelas redes sociais e pelos veículos de comunicação de massa, de uma forma geral, é o conceito de opinião pública, seja pela força simbólica dos números e porcentagens que costumam ter, criando-se uma mística de indiscutibilidade pela precisão da "pesquisa", que teria o dom de refletir a realidade social.

O mundo da criminologia é permeado por estatísticas como pelas pesquisas de opinião pública, que são levadas em consideração pela política criminal para valorar os fatos examinados pelo criminólogo, muito embora todos sabem que a estatística é tendencial, não podendo ser considerada como absolutamente perfeita. Porém, para Pierre Bourdieu, o que importa não é como a opinião pública ganha caracteres de objetividade, quantificação e mensuração.

Segundo a abordagem de Pierre Bourdieu, todo mundo é capaz de dar opinião[176] sobre qualquer coisa, atribuindo valor a qualquer pergunta que seja formulada. O problema é que todas as pesquisas partem dos pressupostos que todas as pessoas estão preparadas para atribuir valor ao mundo tal qual fora inquirido. E, para o citado autor, essa premissa é totalmente falsa. Aqui começa a problematização do assunto.

E a problematização continua quando Bourdieu questiona por que todas as opiniões individuais se equivalem? Isso é apenas uma certeza matemática da equivalência dos elementos somados, contudo, no caso das opiniões individuais, essas adições agregam fatores diversos a uma tendência que pretende ser coletiva, ainda que se dirijam à mesma realidade aparente. Resumindo, é como dizia o brilhante

---

[176] Oportuno examinar o conceito de *doxa* em Bourdieu: "Nas sociedades modernas, a *doxa* se refere a opiniões e percepções pré-reflevias compartilhadas, mas não questionadas, que são comunicadas dentre de entidades sociais relativamente autônomas – os campos – e também por elas, que determinam práticas e atitudes 'naturais' através do 'senso de limite' e do habitus internalizado dos agentes nesses campos. A *doxa* é um 'conjunto de crenças fundamentais que nem sequer precisam se afirmar sob a forma de um dogma explícito e consciente de si mesmo. Ela se refere às crenças ou opiniões aparentemente naturais que são, na verdade, ligadas intimamente ao campo e ao habitus. Elas são pressuposições de uma época que são consideradas autoevidentes e estariam além de ideologias (ortodoxias), mas que podem gerar lutas conscientes'". GRENFELL, Michel. *Pierre Bourdieu*: Conceitos fundamentais. Tradução: Fábio Ribeiro. Petrópolis: Vozes, 2018. p. 156.

economista Roberto Campos: "Estatística é como biquíni – mostra tudo, mas esconde o essencial.[177]

Considero oportuno transcrever a lição legada por Pierre Bourdieu: "O espaço político contemporâneo engloba coisas que não estamos acostumados a levar em conta numa descrição das esferas políticas: a saber, os institutos de sondagem, a televisão, os programas políticos de televisão, etc., que são elementos (agora maiores) do espaço político real".[178]

Quando a opinião pública é apresentada em forma de números, ela reúne opiniões de valor complemente desigual, de impacto social completamente diferente e de legitimidades muito contrastantes, sendo o resultado um *Frankenstien* bizarro e sem sentido lógico, apenas reflete um saber apoiado no poder.

A conclusão é de que o valor criminológico da pesquisa está longe de refletir no detalhe a opinião pública sobre os principais problemas criminológicos submetidos à apreciação. A manifestação contra dos cidadãos sobre determinado tema não manifesta nenhum tipo de proposição concreta substantiva.

Por fim, o último postulado engendrado por Bourdieu parte do pressuposto de que ao realizar uma consulta, já existe um prévio consenso sobre qual questão é mais importante, relevante e do interesse dos indivíduos envolvidos na pesquisa. Essa parte da premissa de que já existe um consenso, de caráter indiscutível, do valor óbvio dos temas inquiridos, sendo isso questionável, pois os temas não são neutros. Ademais, quem paga para fazer a pesquisa possui interesses não confessáveis.

Tudo está sujeito à interpretação, e os temas abordados seguem critérios rigorosos, de forma consciente ou não, de uma perspectiva específica. Enfim, são questionados os seguintes pontos: a) a capacidade para emitir uma opinião; b) a equivalência das opiniões individuais;[179]

---

[177] Na visão de Bourdieu: "Somente a fé etnocêntrica no mito da 'opinião pessoal' que o indivíduo 'se forma' mediante o esforço permanente para se informar e estar ao corrente pode levar a ignorar que o jornal – quando a pessoa lê alhum – é um jornal de opinião apenas para alguns". BOURDIEU, Pierre. *A distinção crítica do julgamento*. Tradução: Daniela Kern e Guilherme J. F. Teixeira. 2. ed. Porto Alegre: Zouk, 2011. p. 412.

[178] BOURDIEU, Pierre. *Sobre o Estado*. Tradução: Rosa Freire d'Aguiar. São Paulo: Companhia das Letras, 2014. p. 462.

[179] Corrobora tal ponto de vista Burdieu ao afirmar que: "A análise científica das sondagens de opinião mostra que não existe praticamente um problema que valha do mesmo modo para todos; não há questão que não seja reinterpretada em função dos interesses das pessoas às quais é posta, sendo o nosso primeiro imperativo perguntarmo-nos que questão as diferentes

e c) o consenso sobre o que é relevante. Tudo isso somado serve para questionar a validade do próprio conceito de opinião pública e dos veículos de comunicação que difundem tal informação na sociedade.

8.4 Bullying e *ciberbullying*

A expressão de origem inglesa *bullying* é muito conhecida no Brasil, porém, não consta o vocábulo na relação do VOLP – Vocabulário Ortográfico da Língua Portuguesa. Contudo, em seu sentido originário, quer dizer ameaça e intimidação repetitivas contra um indivíduo que não é acolhido no grupo. Atento a essa circunstância, Paulo Sumariva explica que:

> A palavra *bullying* é adotada em muitos países para definir o desejo consciente e deliberado de maltratar uma pessoa e colocá-la sob tensão. Também é usado esse termo pela literatura psicológica anglo-saxônica ao tratar dos comportamentos agressivo e antissociais no âmbito dos estudos da violência escolar.[180]

Embora fosse tratado outrora no Brasil como simples brincadeira de crianças e adolescentes no âmbito escolar, com a evolução dos efeitos danosos de índole psicológica e social de atos, a política criminal e social decidiram por criar um novo tipo penal (neocriminalização).

Chegou-se ao consenso no Brasil, após acaloradas discussões, que o *bullying* não se tratava de uma simples brincadeira entre crianças e adolescentes, mas de uma conduta delitiva proveniente de agressões morais e até mesmo físicas, deixando marcas indeléveis no inconsciente das vítimas, o que seria um fator facilitador ao ingresso posterior dessas pessoas agredidas no mundo do crime, como uma espécie de vingança à própria sociedade que se mostrava leniente com esses comportamentos agressivos.

Em caráter inédito, por meio da Lei nº 13.431, de 04 de abril de 2017, em seu art. 4º, II, alíneas a, b e c, estabeleceu a definição legal das formas de violência psicológica praticada contra criança e adolescente.

---

categorias de inquiridos terão julgado responder. Um dos efeitos mais perniciosos do inquérito de opinião consiste precisamente em por as pessoas na situação de responderem a questões que não se opuseram". BOURDIEU, Pierre. *Questões de Sociologia*. Tradução: Miguel Serras Pereira. Lisboa: Fim de Século, 2003. p. 237.

[180] SUMARIVA, Paulo. *Criminologia*: Teoria e Prática. 6. ed. Nitério: Impetus, 2019. p. 239.

Finalmente, através da Lei nº 14.811, de 12 de janeiro de 2024, foi criado o tipo penal de *bullying* no Brasil, acrescentando-se o art. 146-A ao Código Penal, sendo em verdade uma contravenção, pois a pena em abstrato é alternativamente multa, uma vez que seguida da expressão "se o fato não constituir crime mais grave" – delito subsidiário.[181] Temos a seguinte redação legal: "Intimidar sistematicamente, individualmente ou em grupo, mediante violência física ou psicológica, uma ou mais pessoas, de modo intencional e repetitivo, sem motivação evidente, por meio de atos de intimidação, de humilhação ou de discriminação ou de ações verbais, morais, sexuais, sociais, psicológicas, físicas, materiais ou virtuais".

De igual modo, foi criminalizada a conduta do *cyberbullying*, que é o *bullying* praticado por intermédio da rede mundial de computadores, ou qualquer outro meio eletrônico ou virtual, como consta do mesmo art. 146, parágrafo único, do Digesto Material Repressivo: "Parágrafo único. Se a conduta é realizada por meio da rede de computadores, de rede social, de aplicativos, de jogos on-line ou por qualquer outro meio ou ambiente digital, ou transmitida em tempo real". Entretanto, destaco que essa conduta é realmente um crime, uma vez que a pena em abstrato cominada ao delito é de 2 a 4 anos de reclusão e multa, se a conduta não configurar crime mais grave.

Nesse diapasão, qualquer mensagem difamatória ou ameaçadora veiculada por e-mail, *sites*, *blogs*, redes sociais ou mensagens por meio de aparelhos celulares podem caracterizar o crime em apreço, bastando a demonstração inequívoca da vontade livre e consciente de praticar o verbo núcleo do tipo em comento.

8.5 *Stalking* (art. 147-A do CP)

O termo *stalking* é proveniente dos Estados Unidos e quer dizer perseguição persistente, uma espécie de paranoia que aflige a vítima de forma insuportável. Tal conduta foi etiquetada pela neocriminalização pela Lei nº 14.132, de 31 de março de 2021, e suas penas são aplicáveis sem prejuízo das penas correspondentes à violência eventualmente

---

[181] De acordo com o art. 1º da Lei de Introdução ao Código Penal: "Considera-se crime a infração penal que a lei comina pena de reclusão ou de detenção, quer isoladamente, quer alternativa ou cumulativamente com a pena de multa; contravenção, a infração penal a que a lei comina, isoladamente, pena de prisão simples ou de multa, ou ambas, alternativa ou cumulativamente".

praticada. Melhor explicando, há um concurso material de crimes em ocorrendo outro crime praticado mediante violência.

Como a invasão deliberada da esfera de privacidade da vítima, o legislador entendeu graduar com uma pena superior ao crime de ameaça simples em função do princípio da proporcionalidade da pena. Vejamos o que prevê o Código Penal:

> Art. 147-A. *Perseguir alguém, reiteradamente e por qualquer meio, ameaçando-lhe a integridade física ou psicológica, restringindo-lhe a capacidade de locomoção ou, de qualquer forma, invadindo ou perturbando sua esfera de liberdade ou privacidade.* Pena – reclusão, de 6 (seis) meses a 2 (dois) anos, e multa.

Uma observação interessante é quando a lei penal diz que qualquer meio pode ser através do telefone celular, *site*, blog, Whataspp, Facebook, Rede X, Instagram, Tik Tok, ou qualquer outra rede social, jogos on-line ou outro meio eletrônico.

8.6 Nomofobia

Fenômeno decorrente do mundo pós-moderno é a patologia denominada *nomofobia* – do inglês no *mobile phobia*, que é uma fobia ou medo irracional de ficar sem o celular. Todos nós podemos estar infectados por essa doença, mas só teremos um diagnóstico preciso quando ficarmos privados completamente do aparelho celular ou estivermos em um local em que não há cobertura de sinal de celular, por absoluta ausência nas cercanias de ERB – Estação Rádio Base.

Dentro desse contexto, a nova enfermidade, com nítido potencial criminógeno, apresenta os seguintes sintomas: ansiedade, irritabilidade, comportamentos compulsivos, dificuldade de concentração, insônia, sudorese, tremores, taquicardia. E, o que é pior, não existe vacina ou medicamento, máscara ou isolamento social que sirva como paliativo ou solução num horizonte que a vista alcance. Muito pelo contrário, isolamento, uso de máscara e medicamentos podem agravar e muito o quadro ora apresentado.

A dependência digital se tornou um grande problema nas escolas, tendo impacto destrutivo na memória e na necessária concentração dos alunos, com evidente prejuízo no aprendizado. É como profetizou Renato Russo na música "Índios", que morreu em outubro de 1996 e mal conheceu a *internet*: "Nos deram espelhos e vimos um mundo doente. Tentei chorar e não consegui".

Com isso, foi travado um debate entre o parâmetro constitucional do art. 205 da Constituição Federal, que visa o pleno desenvolvimento da pessoa, e o art. 12, incisos IX e X, da Lei de Diretrizes e Bases – LDB, que densifica a responsabilidade das instituições de ensino de promover medidas de conscientização, prevenção e combate a todas as formas de violência, inclusive o *bullying* como uma medida preventiva para evitar o *cyber bullying* e a exposição dos estudantes a conteúdos inapropriados.

Essa anomalia pode estar associada ao FoMO ("fear of missing out"), ao medo (igualmente irracional) de perder algo em virtude de não conseguir se manter informado, em tempo real, tudo que é veiculado através da *internet*.

O uso ou não de *smartphones*, *tablets* e *smartwatches*, no período de duração das aulas ou mesmo durante os intervalos, tem provocado acaloradas discussões. Um *detox* digital social seria de bom alvitre, evitando a prática deliberada de crimes ou condutas no mínimo inoportunas num futuro próximo, tendo em vista o pouco uso do bom senso no uso dessas tecnologias citadas não só por crianças e adolescentes, mas em grande parte por adultos, ou arcar com os devastadores efeitos dos sintomas acima citados.

Como nos adverte com incomum acuidade Jonathan Haidt, um dos psicólogos sociais mais respeitados do mundo: "Menores devem ser protegidos de produtos projetados para viciá-los. Eu gostaria que as empresas tratassem crianças e adolescentes com mais cuidados por livre e espontânea vontade, porém, considerando os incentivos de mercado e as normas de negócios, provavelmente serão necessárias leis para forçá-las a fazer isso".[182]

No Brasil, no dia 30 de outubro de 2024, foi aprovado o Projeto de Lei nº 104/15, na Comissão de Educação da Câmara dos Deputados, que, além de proibir o uso, também proíbe o porte de celular por alunos da educação infantil e dos anos iniciais do ensino fundamental, como maneira de proteger a criança de até 10 (dez) anos de idade de possíveis abusos. Muita água passada deixado dessa ponte, porém, uma coisa é certa, ninguém sabe exatamente o sofrimento psíquico e da saúde mental que o seu uso provoca nas crianças, com consequências criminológicas ainda não explicadas. Um novo desafio para a criminologia que se ora

---

[182] HAIDT, Jonathan. *A geração ansiosa*. Como a infância hiperconectada está causando uma epidemia de transtornos mentais. Tradução: Lígia Azevedo. São Paulo: Companhia das Letras, 2024. p. 266.

apresenta. Uma coisa é certa, não podemos nos quedar silentes, tendo em conta a previsão normativa dos arts. 4º e 17 do Estatuto da Criança e do Adolescente e art. 227 da Constituição Federal.

8.7 O dilema do prisioneiro

Segundo os economistas comportamentais, o dilema do prisioneiro engendra uma situação que a cooperação mútua é bastante proveitosa, porém, a traição unilateral é bem mais vantajosa para aquele que trai.

De acordo com o psiquiatra da Universidade de Stanford Anna Lembke, o dilema do prisioneiro pode se verificar na seguinte circunstância decorrente do vício: "Considerando que pacientes adictos de drogas prescritas são levados por razões fisiológicas a procurar e consumir essas drogas, e que vão procurar os médicos para obtê-las, e levando também em conta que os médicos tem capacidade limite de discernir quais pacientes estão se beneficiando das drogas que prescrevem e quais estão fazendo mau uso delas ou são adictos".[183]

Esse dilema é baseado na dificuldade do ser humano em lidar com o vício. Esse mesmo dilema pode ser transplantado para explicar os distúrbios enfrentados da patologia denominada *nomofobia*, em que para os viciados em redes sociais, *internet*, *smartphones*, *tablets* e as demais parafernálias digitais, é mais vantajoso trair de forma unilateral do que cooperar, padecendo do mesmo vício dos adictos de drogas, sofrendo, em consequência, uma espécie de crise de abstinência quando não usam os instrumentos digitais referidos.

8.8 A era da infocracia e o mito da verdade processual penal

Estamos convivendo numa sociedade assoberbada de informação. Informação não é sinônimo de conhecimento, e apenas o conhecimento é poder para Francis Bacon. Com isso, a democracia, que é o regime da argumentação, da ponderação, do conhecimento, degenera-se em "infocracia", neologismo usado por Byung Chul Han para caracterizar o governo da informação, essa avalanche de informações que propaga forças destrutivas na democracia pela enorme quantidade de

---

[183] LEMBKE, Anna. *Nação tarja preta*. Tradução: Luis Reyes Gil. São Paulo: Vestígio, 2023. p. 105.

comunicação sem reflexão, expraiando-se no meio político e no próprio processo eletivo democrático. Quem pode comprar informações produz poder. Esse é o dilema vivido em nosso tempo.

Na primeira onda democrática, a mídia principal era o livro impresso, calcado num discurso racional, com coerência lógica, motivo pelo qual Habermas revela uma relação íntima entre o livro e a esfera pública democrática.

Por seu turno, as mídias eletrônicas de massas atuam em desfavor do discurso racional, que é caracterizado pela cultura dos livros, perdendo a oportunidade de falar e contradizer. Como nos lembra Sigmund Freud: "A escrita foi, em sua origem, a voz de uma pessoa ausente".[184] A narrativa oral era uma tradição em muitas culturas antigas.

Nesse panorama, a racionalidade discursiva tem seus alicerces abalados pela comunicação afetiva, em que não prevalecem os melhores argumentos, porém, as informações com maior potencial de estimular os outros que pensam igual.

É como explica Yuval Harari com grande proficuidade:

> As civilizações nascem do casamento entre burocracia e mitologia. A rede baseada em computadores é um novo tipo de burocracia, muito mais poderosa e incansável do que qualquer burocracia baseada em seres humanos já vista. Essa rede provavelmente também criará mitologias intercomputadores, que serão muito mais complexas e estranhas do que qualquer divindade criada por nós. Os potenciais benéficos dessa rede são enormes, mas o potencial inverso é a destruição da civilização humana.[185]

Visando entender nosso tempo, na midiocracia as notícias se convertem numa narrativa, fazendo-se esmaecer a distinção entre ficção e realidade. Isso posto, notícias falsas conseguem maior visibilidade que fatos, pois se verifica que um *tuíte* ou *x* que veicula *fake news* ou fatos descontextualizados tem maior propensão de se propagar que um texto bem fundamentado.

No ambiente democrático não há mais a divulgação de um programa político de um partido. São veiculadas propagandas com

---

[184] *Ob. cit.*, 43.
[185] HARARI, Yuval. *Nexus*: uma breve história das redes de informação, da Idade da Pedra à inteligência artificial. Tradução: Berilo Vargas. São Paulo: Companhia das Letras, 2024. p. 430.

caráter manipulativo, *fake news* com frequência, enquadradas em um psicograma. Esses *dark aids* (piadas com humor negro) colaboram com a cisão e a polarização social e envenenam o debate público, passando despercebidos pela esfera pública. Tudo isso pode caracterizar uma conduta criminosa. O desafio que ora se propõe é se temos como investigar a quantidade gigantesca de fatos e se vamos suportar tudo isso.

Argumentos que não sejam rasos não cabem em um *tuíte (x)* ou meme, mas tais anomalias se propagam numa velocidade fulminante, provocando estragos irreparáveis nas vidas das pessoas em particular, e desacreditando a democracia em geral e o direito penal em particular. Desafios que precisam ser enfrentados pela criminologia urgente.

Nietzsche entendia que a verdade é uma invenção humana, e sendo uma ideia, uma construção do pensamento, uma ficção, tem ela uma história.[186] Constrói sua genealogia com a seguinte pergunta: Por que precisamos da verdade? Se a vida é devir, a ideia de verdade deriva da necessidade psicológica humana de duração, de dar estabilidade e sentido à vida. O trágico é algo incontrolável, e indesejável pelo ser humano em virtude do medo da morte, de adoecer, da velhice e da perda da liberdade. Todo o programa do processo penal está calcado no princípio da "verdade real", modernamente adaptado para ser verdade processual ou formal, para usar a expressão de Ferrajoli. No entanto, todos sabemos que a verdade é única, ou ela existe ou é apenas a mentira na roupagem de verdade, e isso não temos como negar. Melhor dizendo sobre o pensamento de Nietzsche, não se pode confundir evidência, que é um acontecimento factual, de verdade, que seria uma constatação valorativa de um fato.

A ideia de verdade é sedimentada pela crença que na origem de tudo, no princípio, encontra-se a essência – princípio causalista. Em virtude disso, considera-se a verdade como algo puro, genuíno, primário, que deve ser buscado, visando atribuir um nascimento divino para as coisas, como se fosse uma revelação divina, leis dadas por Deus aos homens. Esquece-se que a verdade é construída por meio de palavras, que são utilizadas pela linguagem, que é composta pela gramática, que

---

[186] Neste ponto, muito esclarecedora é a explicação encartada no Dicionário Nietzsche: "A verdade como adequação não é possível, porque as faculdades cognitivas e a linguagem como m*edium* entre o pensar e as coisas revelam uma limitação intransponível, cujo ponto de apoio é a definição de Nietzsche segundo a qual a verdade é um batalhão móvel de metáforas". MARTON, Scarlett. *Dicionário Nietzsche*. São Paulo: Loyola, 2016. p. 409.

dá uma ordem ao discurso com o objetivo de ordenação da vida, foi o que Foucault denominou a "ordem do discurso".

Em seu estudo sobre a genealogia da moral, Nietzsche dessacraliza a verdade como sendo o bem, única, intocável, pura, colocando-a como mais um valor criado pelo homem, e conclui que na origem os valores são oriundos de uma luta plural e violenta, onde forças lutam pelo domínio. Assim, a pluralidade é a origem de tudo, e não um ser único, eterno e imutável. Em suma, a genealogia busca utilizar não a verdade, porém a vida como critério avaliador. É o que ele chama de "vontade de potência".

Para Michel Foucault, que desenvolveu o pensamento nietzschiano, o poder não existe, mas sim as relações de poder, que são exercidas em todas as relações humanas (microfísica do poder). Saber e poder se entrelaçam e são indissociáveis, não há uma relação de poder sem um campo de saber. Ou, como nos ensina Edgardo Castro:

> A formação do saber requer que sejam levadas em consideração, além das práticas discursivas, as não discursivas, e que se preste particular atenção ao funcionamento entrelaçado de umas e outras. Com efeito, o saber e o poder se apoiam e reforçam mutuamente. Isso não significa, como se pretendeu concluir, que um possa ser reduzido ao outro. A esse respeito, o próprio Foucault sustenta: 'Reduzir o saber ao poder, para fazer do saber a máscara do poder, em estruturas nas quais o sujeito não tem lugar, só pode ser uma pura e simples caricatura.'... Os fenômenos políticos da modernidade (o Estado centralizado, a burocracia, os campos de concentração, as políticas de saúde etc.) põem em relevo o problema da relação entre o processo de racionalização dessa época histórica e as formas de exercício do poder.[187]

O poder disciplinar se constitui pela vigilância, não somente das câmeras, mas no olhar do outro, na presunção de julgar, na vontade de agradar, todas essas nuances presentes nas redes sociais e no mundo virtual. Eis um desafio a ser suplantado.

O pensamento em rede é o mais democrático, mais aberto, o que respeita com maior intensidade a diferença, sendo mais próximo da vida. Contudo, o fato de não ter centro nesse modelo faz com que tudo se disperse.

---

[187] CASTRO. Edgardo. *Vocabulário Foucault*. Um percurso pelos seus temas, conceitos e autores. 3. ed. Tradução: Luis Reyes Gil. Belo Horizonte: Autêntica, 2024. p. 349.

Para alimentar canais mais democráticos em rede, há a necessidade de fortalecer o pensamento, a autonomia, melhorar o nível do debate público, com uma qualidade superior da educação, para diminuir as desigualdades nos confrontos.

Bebendo da fonte do liberalismo clássico, invoco a lição legada por John Locke, considerado o pai do liberalismo, que rejeitava o argumento de liberdade para o cometimento de crimes, como diz Eric Mack:

> Locke nos diz que o direito à liberdade inclui o direito de você fazer o que preferir com suas posses. Contudo, ele não afirma que você possa fazer tudo o que você quiser com o que possui, em especial, se o adquiriu de forma ilícita, por meio de roubo ou fraude. Esse direito conflitaria com os direitos das vítimas desses crimes de fazerem o que quiserem com suas posses. Assim, Locke precisa de uma teoria de direitos de propriedade que explique por que certos métodos de aquisição geram direitos de propriedade sobre os objetos adquiridos e porque outros não.[188]

Por conseguinte, constato que seja o maior desafio de todos que os usuários da internet precisam aprender a ouvir os que pensam diferente, e ter a capacidade de lidar com as diferenças, para conseguir ter a habilidade de enfrentar situações imprevistas e as frustrações que a vida nos impõe. A vida é construída na sua potência pelas forças contrárias.

Muitos advogam a tese da regulação dos conteúdos nas plataformas digitais, criminalizando a divulgação de conteúdos falsos por meio de robôs, exigir a identificação de anunciantes e financiadores. O argumento mais forte seria que as *big techs* comandam a rede e fazem moderação de conteúdo segundo seus próprios critérios e interesses comerciais. A regulação democrática das redes precisa se concentrar no crime, não na mentira.

Por fim, reitero que tudo está sujeito à crítica num ambiente genuinamente democrático, presume-se a liberdade de expressão para criticar o poder e a forma inteligente de combater o crime. A manifestação respeitosa jamais deve ser criminalizada, ainda que contrária, pois é indissociável aos ares democráticos ter a possibilidade de questionar o Estado e suas instituições a qualquer tempo, não pode existir a proibição prévia de alguém dizer algo. Isso se chama censura. Quem usar a palavra para o cometimento de atos ilícitos, deve ser responsabilizado

---

[188] MACK, Eric. *O essencial de John Locke*. Tradução: Matheus Paccini. São Paulo: Faro Editorial, 2021. p. 46.

através de um processo penal, em que seja assegurada a ampla defesa, o contraditório e o devido processo legal, e, somente com o trânsito em julgado é que se pode impor alguma penalidade a quem transgrediu a legislação.[189] Evitar o excesso de legislação é legítimo e necessário, mas não pode servir de escudo para que as plataformas digitais sirvam como paraíso de condutas ilícitas.

Verifica-se ao longo da história da humanidade que a cooperação entre bandos diferentes decorreu de mudanças evolucionárias na estrutura do cérebro e na capacidade da raça humana (*homo sapiens*) de contar e acreditar em estórias ficcionais. Para cooperarem, não há necessidade de se conhecer pessoalmente, mas de conhecer a mesma estória. Isso confere identidade.

Vivemos num mundo humano, demasiadamente humano, porém, a racionalidade nem sempre é soberana para se viver. É o que verbaliza Ernst Cassirer:

> A racionalidade é de fato um traço inerente a todas as atividades humanas. A própria mitologia não é uma massa grosseira de superstições ou ilusões crassas. Não é meramente caótica, pois possui um forma sistemática ou conceitual. Mas, por outro lado, seria impossível caracterizar a estrutura

---

[189] RECURSO EXTRAORDINÁRIO COM REPERCUSSÃO GERAL - LIBERDADE DE EXPRESSÃO - DIREITO-DEVER DE INFORMAR – REPRODUÇÃO DE ENTREVISTA – RESPONSABILIDADE ADMITIDA NA ORIGEM – DECISÃO MANTIDA - RECURSO DESPROVIDO – 1- A responsabilização civil de veículo de imprensa pela publicação de declarações feitas por outra pessoa em uma entrevista prejudica gravemente a contribuição da imprensa para a discussão de questões de interesse público. 2- Exigir que os jornalistas se distanciem sistemática e formalmente do conteúdo de uma declaração que possa difamar ou prejudicar uma terceira parte não é conciliável com o papel da imprensa de fornecer informações sobre eventos atuais, opiniões e ideias. 3- Caso não seja feita declaração de isenção de responsabilidade (disclaimer), pode haver ofensa a direito da personalidade por meio de publicação, realizada em 1993, de entrevista de político anti-comunista na qual se imputa falsamente a prática de ato de terrorismo, ocorrido em 1966, a pessoa formalmente exonerada pela justiça brasileira há mais de 13 anos. Tese de julgamento fixada após debates na sessão de julgamento:. "1- A plena proteção constitucional à liberdade de imprensa é consagrada pelo binômio liberdade com responsabilidade, vedada qualquer espécie de censura prévia. Admite-se a possibilidade posterior de análise e responsabilização, inclusive com remoção de conteúdo, por informações comprovadamente injuriosas, difamantes, caluniosas, mentirosas, e em relação a eventuais danos materiais e morais. Isso porque os direitos à honra, intimidade, vida privada e à própria imagem formam a proteção constitucional à dignidade da pessoa humana, salvaguardando um espaço íntimo intransponível por intromissões ilícitas externas. 2- Na hipótese de publicação de entrevista em que o entrevistado imputa falsamente prática de crime a terceiro, a empresa jornalística somente poderá ser responsabilizada civilmente se: (i) à época da divulgação, havia indícios concretos da falsidade da imputação; E (ii) o veículo deixou de observar o dever de cuidado na verificação da veracidade dos fatos e na divulgação da existência de tais indícios" (STF – RE 1075412 – TP – Rel. Marco Aurélio - J. 08.03.2024).

do mito como racional. A linguagem foi com frequência identificada a razão, ou à própria fonte da razão. Mas é fácil perceber que essa definição não consegue cobrir todo o campo.[190]

Concluo com o pensamento de Schopenhauer: "Pessoas de todos os tipos e de todas as idades, visam, como regra, adquirir informações, em vez de sabedoria... Nunca lhes ocorre que a informação seja apenas um meio de percepção, e em si mesma de pouco ou nenhum valor; que é a maneira dele de pensar que faz do homem um filósofo".[191] Em vez de obter apenas informações desconcatenadas, fica aqui um convite reflexivo para pensar por si mesmo mais um pouco sobre a criminologia na era digital.

Enquanto as empresas de tecnologia não forem responsabilizadas, não se terá paz social, devendo possuir tais empresas a obrigação de rastrear publicações potencialmente ilícitas, e, consequentemente, procederem ao bloqueio da divulgação de conteúdos impróprios ou ilegais, assumindo uma postura mais proativa, e não ficar esperando as reclamações dos usuários, que podem ter suas vidas destruídas com a espera do lapso temporal entre a reclamação e a tomada de posição da empresa, inclusive, com a responsabilização criminal da pessoa jurídica, por meio da criação dos crimes contra a ordem econômica e social pela distribuição de *fakenews*, considerando o caráter plástico das Constituições modernas de adaptação ao contexto social vigente (art. 173, §5º, da Lei Maior).

Para crimes como terrorismo, fraude, abuso sexual infantil, sequestro, homicídio, dentre outros, as plataformas digitais devem criar mecanismos para facilitar as denúncias e procederem ao bloqueio, o que, sem dúvida, pode acarretar a destruição de biografias e a prática de crimes contra a honra, como: calúnia, difamação e injúria. Do contrário, teremos diversos segmentos da sociedade totalmente vulneráveis e sem nenhum mecanismo de proteção aos direitos e garantias fundamentais previstos no texto constitucional de 1988. Sem essa proteção legal, tais conteúdos digitais ilegais continuarão circulando livremente, sem que as empresas e os diretores das empresas sejam responsáveis por eles, e sabemos que a propriedade deve seguir uma função social (art. 5º, inciso XXIII, da Constituição Federal), devendo atender aos interesses

---

[190] CASSIRER, Ernst. *Ensaio sobre o homem*. Introdução a uma filosofia da cultura humana. Tradução: Tomás Rosa Bueno. 3. ed. São Paulo: Martins Fontes, 2021. p. 49.
[191] SCHOPENHAUER, Arthur. *A arte de escrever*. São Paulo: L&PM, 2013. p. 2.

do proprietário e da sociedade, permitindo que a lei defina e destinação de cada bem, inclusive, no âmbito criminal.

Liberdade sem responsabilidade é a criação do verdadeiro caos. Como nos ensina Michel Onfray:

> Queremos sempre um bom aluno, um bom soldado, um cidadão, um bom trabalhador. Liberdade, com que propósito? Porque se trata sobretudo de confinar as múltiplas possibilidades da liberdade pura para forçá-las a passar pelo buraco da agulha da disciplina social. O objetivo não reconhecido é extinguir os formidáveis poderes de desordem contidos na liberdade ilimitada.[192]

Sendo coerente com as proposições aqui elencadas, as empresas de tecnologia devem ser responsabilizadas pelos serviços que elas prestam e são monetizadas por isso, para serem desestimuladas economicamente a reduzirem os crimes que são praticados dentro da plataforma, com a divulgação de conteúdos ilegais que prejudicam reputações das pessoas e negócios, que causam danos psíquicos no dia a dia das pessoas, que colocam crianças, adolescentes e pessoas idosas em risco com golpes por meio do telefone celular, internet, aplicativos ou outras plataformas digitais.

Somente o jornalismo profissional é um antídoto indispensável para combater de forma eficaz a notícia falsa e a intolerância reinante na pós-modernidade, propulsionada pelo uso criminoso da inteligência artificial. A checagem da informação por veículos confiáveis é sempre necessária, antes de propagar qualquer informação via internet. A informação não é igual à verdade, muito menos igual a poder, mas a verdade e o poder pode ser igual ao controle e à manipulação.

---

[192] ONFRAY, Michel. *Antimanuel de Philosophie*. Leçons socratiques et alternatives. Rosny: Brêal, 2001. p. 127.

REFERÊNCIAS

AGOSTINHO, Santo. *Confissões*. Tradução: Alex Marins. São Paulo: Martin Claret, 2006.

AGOSTINHO, Santo. *Sobre o livre-arbítrio*. Tradução: Everton Toresmim. Campinas: Ecclesiae, 2019.

ALBERGARIA, Jason. *Noções de Criminologia*. Belo Horizonte: Mandamentos, 1999.

ALMEIDA, Gevan. *Modernos movimentos de política criminal e seus reflexos na legislação brasileira*. Rio de Janeiro: Lumen Juris, 2002.

ALTAVILLA, Enrico. *Psicologia Juridiária*: O processo psicológico e a verdade judicial. 2. ed. Tradução: Fernando de Miranda. Coimbra: Almedina, 2007. 1 v.

ALVES, Roque de Brito. *Criminologia*. Rio de Janeiro: Forense, 1986.

ANDRADE, Manuel da Costa; DIAS, Jorge de Figueiredo. *Criminologia*. O homem delinquente e a sociedade criminosa. Coimbra: Coimbra, 1997.

ARISTÓTELES. *Retórica*. Tradução: Manuel Alexandre Júnior, Paulo Farmhouse Alberto e Abel do Nascimento Pena. 5. ed. Lisboa: Imprensa Nacional, 1999.

ARISTÓTELES. Ética a *Nicômaco*. Tradução: Pietro Nasseti. São Paulo: Martin Claret, 2000.

ARISTÓTELES. *Política*. São Paulo: Martin Claret, 2001.

ASÚA, Luis Jiménez. *Principios de derecho penal*. La Ley y el Delito. Buenos Aires: Abeledo-Perrot, 1958.

AYOS, Emilio Jorge. *Delito y Pobreza*: Espacios de intersección entre la política criminal y la política social argentina en la primera década del nuevo siglo. São Paulo: IBCCRIM, 2010.

BARATTA, Alessandro. *Criminologia Crítica e Crítica do Direito Penal*: Introdução à Sociologia do Direito Penal. Tradução: Juarez Cirino dos Santos. 3. ed. Rio de Janeiro: Revan, 2002.

BARBOSA, Ruy. *Criminologia e Direito Criminal*: Seleções e Dicionário de Pensamentos. Campinas: Romana, 2003.

BARRETO, Tobias. *Estudos de direito*. Campinas: Bookseller, 2000.

BATISTA, Nilo. *Introdução crítica ao direito penal brasileiro*. 8. ed. Rio de Janeiro: Revan, 2002.

BAUMAN, Zugmunt. *Confiança e medo na cidade*. Tradução: Eliana Aguiar. São Paulo: Zahar, 2021.

BAUMAN, Zugmunt. *O mal-estar da pós-modernidade*. Tradução: Mauro Gama e Cláudia Martinelli Gama. Rio de Janeiro: Zahar, 1998.

BAUMAN, Zugmunt; DONSKIS, Leonidas. *Mal líquido*. Vivendo num mundo sem alternativas. Tradução: Carlos Alberto Medeiros. Rio de Janeiro: Zahar, 2019. p. 49.

BAUMAN, Zugmunt. *Medo líquido*. Tradução: Carlos Alberto Medeiros. São Paulo: Zahar, 2008.

BAUMAN, Zugmunt. *Vigilância líquida*. Tradução: Carlos Alberto Medeiros. São Paulo: Zahar, 2014.

BECCARIA, Cesare. *Dos delitos e das penas*. Tradução: José Cretella Júnior e Agnes Cretella. 2. ed. São Paulo: Revista dos Tribunais, 1999.

BECK, Ulrich. *Sociedade de risco*: Rumo a uma outra modernidade. Tradução: Sebastião Nascimento. São Paulo: Editora 34, 2010.

BECKER, Howard S. *Outsiders*: Estudos de sociologia do desvio. Tradução: Maria Luiza X. de A. Borges. Rio de Janeiro: Zahar, 2008.

BENTHAN, Jeremy. *Teoria das penas legais e Tratado dos sofismas políticos*. Supervisão: Claudio de Oliveira Benedito. São Paulo: Edijur, 2002.

BITENCOURT, Cezar Roberto. *Falência da pena de prisão*: Causas e alternativas. 2. ed. São Paulo: Saraiva, 2001.

BITTENCOURT, Edgard de Moura. *Vítima*. 2. ed. São Paulo: Universitária de Direito, 1978.

BOURDIEU, Pierre. *A distinção crítica do julgamento*. Tradução: Daniela Kern e Guilherme J. F. Teixeira. 2. ed. Porto Alegre: Zouk, 2011.

BOURDIEU, Pierre. *A Economia das Trocas Simbólicas*. Tradução: Sergio Miceli, Silvia de Almeida Prado, Sonia Miceli e Wilson Campos Vieira. 8. ed. São Paulo: Perspectiva, 2015.

BOURDIEU, Pierre. *O Desencantamento do Mundo*: Estruturas Econômicas e Estruturas Temporais. Tradução: Silvia Mazza. 2. ed. São Paulo: Perspectiva, 2021.

BOURDIEU, Pierre. *O Poder Simbólico*. Tradução: Fernando Tomaz. 11. ed. Rio de Janeiro: Bertrand Brasil, 2007.

BOURDIEU, Pierre. *Questões de Sociologia*. Tradução: Miguel Serras Pereira. Lisboa: Fim de Século, 2003.

BOURDIEU, Pierre. *Sobre o Estado*. Tradução: Rosa Freire d'Aguiar. São Paulo: Companhia das Letras, 2014.

BOURDIEU, Pierre. *Sociologia Geral*: Lutas de Classificação. Tradução: Fábio Ribeiro. Petrópolis: Vozes, 2020. 1 v.

BOURDIEU, Pierre. *Sociologia Geral*: Habitus e Campo. Tradução: Fábio Ribeiro. Petrópolis: Vozes, 2021. 2 v.

BOURDIEU, Pierre. *Sociologia Geral*: As Formas do Capital. Tradução: Fábio Ribeiro. Petrópolis: Vozes, 2023. 3 v.

CALHAU, Lélio Braga. *Vítima e Direito Penal*. 2. ed. Belo Horizonte: Mandamentos, 2003.

CAMPOS, Marcelo da Silveira. *Crime e Congresso Nacional*: Uma Análise da Política Criminal Aprovada de 1989 a 2006. São Paulo: IBCCRIM, 2010.

CARVALHO, Salo de. *Pena e Garantias*. 2. ed. Rio de Janeiro: Lumen Juris, 2003.

CARVALHO, Salo de. *Antimanual de Criminologia*. 3. ed. Rio de Janeiro: Lumen Juris, 2010.

CASSIRER, Ernst. *Ensaio sobre o homem*. Introdução a uma filosofia da cultura humana. Tradução: Tomás Rosa Bueno. 3. ed. São Paulo: Martins Fontes, 2021.

CASTRO. Edgardo. *Vocabulário Foucault*. Um percurso pelos seus temas, conceitos e autores. 3. ed. Tradução: Luis Reyes Gil. Belo Horizonte: Autêntica, 2024.

CERETTI, Adolfo et al. *Ensaios Criminológicos*. Tradução: Lauren Paoletti Stefanini. São Paulo: IBCCRIM, 2002.

CERVINI, Raúl. *Os processos de descriminalização*. 2. ed. Tradução: Eliana Granja. São Paulo: Revista dos Tribunais, 1995.

CHAUI, Marilena. *Convite à filosofia*. 13. ed. São Paulo: Ática, 2004.

CHAUI, Marilena. *Cultura e democracia*. O discurso competente e outras falas. 10. ed. São Paulo: Cortez, 2003.

CHRISTIE, Nils. *Los limites del dolor*. Tradução: Mariluz Caso. México: Fondo de Cultura Económica, 1988.

CHRISTIE, Nils. *A indústria do controle do crime*: a caminho dos GULAGs em estilo ocidental. Tradução: Luís Leiria. Rio de Janeiro: Forense, 1998.

CHOMSKY, Noam. *Mídia. Propaganda e manipulação*. Tradução: Fernando Santos. São Paulo: Martins Fontes, 2013.

CONDE, Francisco Muñoz. *Edmund Mezger e o Direito Penal de seu tempo*: Estudos sobre o Direito Penal no Nacional-Socialismo. Tradução: Paulo César Busato. 4. ed. Rio de Janeiro: Lumen Juris, 2005.

CONDE, Francisco Muñoz; HASSEMER, Winfried. *Introdução à Criminologia*. Tradução: Cíntia Toledo Miranda Chaves. Rio de Janeiro: Lumen Juris, 2008.

COSTA JR., Paulo José da. Paulo José da. *O direito de estar só*: Tutela penal da intimidade. 4. ed. São Paulo: Revista dos Tribunais, 2007.

CROCE JÚNIOR, Delton; CROCE, Delton. *Manual de Medicina Legal*. 5. ed. São Paulo: Sairava, 2004.

DANTAS, Ivo. *Princípios Constitucionais e Interpretação Constitucional*. Rio de Janeiro: Lumen Juris, 1995.

DIAS, Jorge de Figueiredo; ANDRADE, Manuel da Costa. *Criminologia*: O homem delinquente e a sociedade criminógena. 2. ed. Coimbra: Coimbra, 1997.

DOSTOIÉVSKI, Fiódor. *Crime e castigo*. Tradução: Luiz Cláudio de Castro. Rio de Janeiro: Ediouro, 1988.

DOSTOIÉVSKI, Fiódor. *Memórias do subsolo*. Tradução: Boris Shinderman. São Paulo: Editora 34, 2000.

DOUGLAS, William; KRYMCHANTOWSKI, Abouch V.; DUQUE, Flávio Granado. *Medicina Legal à luz do Direito Penal e Processual Penal*. 2. ed. Rio de Janeiro: Impetus, 2001.

DURKHEIM, Émile. *Sociologia e Filosofia*. Tradução: Fernando Dias Andrade. São Paulo: Ícone, 2004.

FREUD, Sigmund. *Mal estar na civilização*. Tradução: José Octávio de Aguiar Abreu. Rio de Janeiro: Imago, 1997.

FERRAJOLI, Luigi. *Direito e Razão*. Teoria do garantismo penal. Tradução: Luiz Flávio Gomes, Juarez Tavares *et al*. São Paulo: Revista dos Tribunais, 2002.

FERRAJOLI, Luigi. *Derechos y garantías*. La ley del más débil. 4. ed. Tradução: Andrés Ibãnez y Andrea Greppi. Madrid, 2004.

FERNANDES, Antonio Scarance. *O papel da vítima no processo criminal*. São Paulo: Malheiros, 1995.

FERNANDES, Newton; FERNANDES, Valter. *Criminologia Integrada*. 2. ed. São Paulo: Revista dos Tribunais, 2002.

FERRI, Enrico. *Princípios de Direito Criminal*. Tradução: Paolo Capitanio. 2. ed. Campinas: Bookseller, 2003.

FERRI, Enrico. *O Delito Passional na Sociedade Contemporânea*. Campinas: LZN, 2003.

FOUCAULT, Michel. *Loucura, linguagem, literatura*. Tradução: Hélio Schneider. São Paulo: Ubu, 2024.

FOUCAULT, Michel. *Vigiar e punir*. Nascimento da prisão. Tradução: Raquel de Ramalhete. 42. ed. Petrópolis-RJ: Vozes, 2014.

GALVÃO, Fernando. *Política Criminal*. 2. ed. Belo Horizonte: Mandamentos, 2002.

GARÓFALO, Raffaele. *La Criminología*: Estudio sobre el delito y la teoría de la represión. Tradução: Pedro Dorado Montero. Montevideo: Bdef, 2005.

GOFFMAN, Erwin. *Estigma*. Notas sobre a manipulação da identidade deteorirada. Tradução: Mathias Lambert. 4. ed. São Paulo: LTC, 2004.

GRECO, Rogério. *Direito Penal do Equilíbrio*: Uma visão minimalista do Direito Penal. Niterói: Impetus, 2005.

GRENFELL, Michel. *Pierre Bourdieu*: Conceitos fundamentais. Tradução: Fábio Ribeiro. Petrópolis: Vozes, 2018.

GOMES, Hélio. *Medicina Legal*. 5. ed. Rio de Janeiro: Livraria Freitas Bastos, 1958. (coleção 1).

HAIDT, Jonathan. *A geração ansiosa*. Como a infância hiperconectada está causando uma epidemia de transtornos mentais. Tradução: Lígia Azevedo. São Paulo: Companhia das Letras, 2024.

HAIDT, Jonathan. *A mente moralista*. Porque pessoas boas são segregadas por política e religião. Rio de Janeiro: Alta Cult, 2020.

HAN, Byung-Chul. *Infocracia*. Digitalização e a crise da democracia. Tradução Gabriel S. Philipson. Petrópolis: Vozes, 2022.

HAN, Byung-Chul. *Sociedade do cansaço*. Tradução: Enio Paulo Giachini. 2. ed. Petrópolis: Vozes, 2019.

HARARI, Yuval. *Nexus*: uma breve história das redes de informação, da Idade da Pedra à inteligência artificial. Tradução: Berilo Vargas. São Paulo: Companhia das Letras, 2024.

HASSEMER, Winfried; LARRAURI, Elena. *Justificación material y justificación procedimental en el derecho penal*. Madrid: Tecnos, 1997.

HERKENHOFF, João Baptista. *Direitos Humanos*: Uma idéia, muitas vozes. 3. ed. Aparecida: Santuário, 1998.

HERKENHOFF, João Baptista. *Crime*: Tratamento sem prisão. 3. ed. Porto Alegre: Livraria do Advogado, 1998.

HERKENHOFF, João Baptista . *Como aplicar o Direito*. 10. ed. Rio de Janeiro: Forense, 2005.

HERKENHOFF, João Baptista. *Direito e Utopia*. 4. ed. Porto Alegre: Livraria do Advogado, 2001.

HERKENHOFF, João Baptista. *Para onde vai o Direito?* Reflexões sobre o papel do Direito e do jurista. 3. ed. Porto Alegre: Livraria do Advogado, 2001.

HOWARD, Becker. *Outsiders. Estudos de Sociologia do Desvio*. Tradução: Maria Lúcia X. de A. Borges. Rio de Janeiro, Zahar, 2008.

HULSMAN, Louk. *Penas perdidas*. O sistema penal em questão. Tradução: Maria Lúcia Karam. 2. ed. Rio de Janeiro: Luam, 1997.

INGENIEROS, José. *O Homem Medíocre*. Tradução: Alvanísio Damasceno. Curitiba: Livraria do Chain.

JAKOBS, Günther; MELIÁ, Manuel Cancio. *Direito Penal do Inimigo*: Noções e Críticas. Tradução: André Luís Callegari e Nereu José Giacomolli. Porto Alegre: Livraria do Advogado, 2005.

KAFKA, Franz. *Na Colônia Penal*. Tradução: Guilherme da Silva Braga. São Paulo: L&PM Pocket, 2009.

KAFKA, Franz. *Essencial*. Tradução e comentários: Modesto Carone. São Paulo: Penguim-Companhia das Letras, 2011.

KANT, Immanuel. *Fundamentação da Metafísica dos Costumes e outros escritos*. Tradução: Leopoldo Holzabach. São Paulo: Martin Claret, 2003.

KARAM, Maria Lúcia. *De crimes, Penas e Fantasias*. 2. ed. Niterói: Luam, 1993.

KARAM, Maria Lúcia. *Recuperar o desejo da liberdade e conter o poder punitivo*. Rio de Janeiro: Lumen Juris, 2009. 1 v.

KARAM, Maria Lúcia. *Proibições, Crenças e Liberdade*: O Direito à Vida, a Eutanásia e o Aborto. Rio de Janeiro: Lumen Juris, 2009. 2 v.

KARAM, Maria Lúcia. *A privação da liberdade:* O Violento, Danoso, Doloroso e Inútil Sofrimento da Pena. Rio de Janeiro: Lumen Juris, 2009. 7 v.

LEMBKE, Anna. *Nação tarja preta*. Tradução: Luis Reyes Gil. São Paulo: Vestígio, 2023.

LINCK, José Antônio Gerzson. *A Criminologia nos Entre-Lugares*: Diálogos entre Inclusão Violenta, Exclusão e Subversão Contemporânea. Rio de Janeiro: Lumen Juris, 2010.

LOMBROSO, César. *O Homem Delinqüente*. Tradução: Maristela Bleggi Tomasini e Oscar Antonio Corbo Garcia. Porto Alegre: Ricardo Lenz, 2001.

MACK, Eric. *O essencial de John Locke*. Tradução: Matheus Paccini. São Paulo: Faro Editorial, 2021.

MAQUIAVEL, Nicolau. *O Príncipe*. Tradução: Pietro Nasseti. São Paulo: Martin Claret: São Paulo, 2000.

MARANHÃO, Odon Ramos. *Psicologia do crime*. 2. ed. São Paulo: Malheiros Editores, 1993.

MARCÃO, Renato. *Tóxicos*. 5. ed. São Paulo: Saraiva, 2008.

MARQUES, José Frederico. *Tratado de Direito Penal*. Campinas: Bookseller, 1997. 1 v.

MARQUEZ, Gabriel García. *Crônica de uma morte anunciada*. Tradução: Remy Gorga Filho. 66. ed. Rio de Janeiro: Record, 2023.

MARTINO, Luis Mauro Sá. *Dez lições sobre Goffman*. Petrópolis: Vozes, 2021.

MARTON, Scarlett. *Dicionário Nietzsche*. São Paulo: Loyola, 2016.

MAZZILLI, Hugo Nigro. *Questões criminais controvertidas*. São Paulo: Saraiva, 1999.

MELLIM FILHO, Oscar. *Criminalização e Seleção no Sistema Judiciário Penal*. São Paulo: IBCCRIM, 2010.

MENDES, André Trigueiro. *Viver é a melhor opção*. 4. ed. São Bernardo do Campo/SP: Correio Fraterno, 2018.

MOLINA, Antonio García-Pablos; GOMES, Luiz Flávio. *Criminologia*. 3. ed. São Paulo: Revista dos Tribunais, 2000.

OAKESHOTT, Michael. *A política da fé e a política do ceticismo*. Tradução: Daniel Lena Marchiori Neto. São Paulo: É Realizações, 2018.

OLIVEIRA, Edmundo. *Vitimologia e Direito Penal*: O crime precipitado pela vítima. 2. ed. Rio de Janeiro: Forense, 2001.

OLIVEIRA, Frederico Abrahão de. *Manual de criminologia*. 2. ed. Porto Alegre: Sagra-DC Luzzatto, 1996.

ONFRAY, Michel. *Antimanuel de Philosophie*. Leçons socratiques et alternatives. Rosny: Brêal, 2001.

PANDOLFO, Alexandre Costi. *A Criminologia Traumatizada*: Um ensaio sobre violência e Representação dos Discursos Criminológicos Hegemônicos no Século XX. Rio de Janeiro: Lumen Juris, 2010.

PARK, Robert E. *A sociedade urbana de Robert E. Park*. Organização e introdução: Lícia do Prado Valadares. Tradução: Wanda Brant. Rio de Janeiro: UFRJ, 2018.

PIERANGELI, José Henrique. *Escritos jurídico-penais*. 2. ed. São Paulo: Revista dos Tribunais, 1999.

PINKER, Steven. *Tabula rasa*. A negação contemporânea da natureza humana. Tradução: Laura Teixeira Mota. São Paulo: Companhia das Letras, 2004.

PLATÃO. *A República*. São Paulo: Martin Claret, 2000.

QUEIROZ, Paulo de Souza. *Funções do Direito Penal*. Legitimação versus Deslegitimação do Sistema Penal. Belo Horizonte: Del Rey, 2001.

PRADO, Luiz Regis. *Bem Jurídico-Penal e Constituição*. São Paulo: Revista dos Tribunais, 1996.

RAINE, Adrian. *A Anatomia da violência*: As raízes biológicas da criminalidade. Tradução: Maiza Ritomy Ite. Porto Alegre: Artmed, 2015.

ROXIN, Claus. *Política criminal e sistema jurídico-penal*. Tradução: Luís Greco. Rio de Janeiro: Renovar, 2000.

ROXIN, Claus. *Problemas fundamentais de Direito Penal*. 3. ed. Tradução: Ana Paula dos Santos Luís Natscheradetz. Lisboa: Vega, 1998.

SÁNCHEZ, Jesús-María Silva. *A expansão do direito penal: aspectos da política criminal nas sociedades pós-industriais*. Trad.: Luiz Otávio de Oliveira Rocha. São Paulo: Revista dos Tribunais, 2002.

SANTOS, Gérson Pereira dos. *Direito penal econômico*. São Paulo: Saraiva, 1981.

SANTOS, J. W. S. *Síntese expositiva de criminologia*. Rio de Janeiro: Livraria Jurid Vellenich Ltda., 1972.

SCHOPENHAUER, Arthur. *A arte de escrever*. São Paulo: L&PM, 2013.

SHECAIRA, Sérgio Salomão. *Criminologia*. 4. ed. São Paulo: Revista dos Tribunais, 2012.

SMANIO, Gianpaolo Poggio. *Tutela Penal dos Interesses Difusos*. São Paulo: Atlas, 2000.

SMANIO, Gianpaolo Poggio. *Criminologia e Juizado Especial Criminal*. 2. ed. São Paulo: Atlas, 1998.

SUMARIVA, Paulo. *Criminologia*: Teoria e Prática. 6. ed. Niterói: Impetus, 2019.

TAVARES, Juarez. *Teoria do Injusto Penal*. 3. ed. Belo Horizonte: Del Rey, 2003.

VASCONCELLOS, Fernanda Bestetti. *A Prisão Preventiva como Mecanismo de Controle e Legitimação do Campo Jurídico*. Rio de Janeiro: Lumen Juris, 2010.

WACQUANT, Loïc. *As prisões da miséria*. Tradução: André Telles. Rio de Janeiro: Jorge Zahar, 2001.

ZAFFARONI, Eugenio Raúl. *Em busca das penas perdidas*: A perda da legitimidade do sistema penal. Tradução: Vânia Romano Pedrosa e Amir Lopes da Conceição. Rio de Janeiro: Revan, 1991.

ZAFFARONI, Eugenio Raúl. *Tratado de Derecho Penal*. Parte General II. 4. ed. Buenos Aires: Ediar, 2005.

Esta obra foi composta em fonte Palatino Linotype, corpo 10
e impressa em papel Pólen Bold 70g (miolo) e Supremo 250g (capa)
pela Gráfica Star7.